シリーズ　後藤新平とは何か——自治・公共・共生・平和

自治

後藤新平　著

藤原書店

「シリーズ後藤新平とは何か——自治・公共・共生・平和」発刊によせて

本シリーズは、後藤新平歿八十周年を記念した出版である。

幕末に生まれ、明治から昭和初期にかけて、医学者として出発し、後に行政官を経て政治家として数多くの仕事を成し遂げた後藤新平（一八五七—一九二九）。愛知医学校長、内務省衛生局長、台湾総督府民政長官、満鉄初代総裁、鉄道院初代総裁、逓信・内務・外務大臣、東京市長などを歴任した。関東大震災後は、内務大臣兼帝都復興院総裁として東京の復興計画を策定し、今日ある首都・東京の青写真を描く。惜しまれつつも政界を退いた後は、東京放送局（現ＮＨＫ）初代総裁として放送の公共性を訴える一方、少年団（現在のボーイスカウト）日本連盟の初代総裁として、将来を担う子どもたちの育成に力を注いだ。最晩年には、「政治の倫理化」運動を提唱して全国を行脚し、また病身をおして極寒のソ連を訪れ、日ソ友好に向けてスターリンと会談するなど、在野の立場ながら公に身を捧げた生涯だった。

小社では二〇〇四年以来、〈後藤新平の全仕事〉と銘打って、『時代の先覚者・後藤新平』、『〈決定版〉正伝・後藤新平』全八巻、『後藤新平の「仕事」』、『後藤新平大全』など、後藤の全仕事を現代に紹介する出版をしてきた。それらの刊行に、〝後藤新平ブーム〟の到来とささやかれているが、あまりにスケールが大きく、仕事も多岐にわたるため、その全体像を描くことは、又それらの仕事のつながりを有機的に関係づけることは、きわめて困難でもある。しかも、後藤が現代を生きるわれわれに遺してくれた仕事は、百年を経た今日でもいささかもその現代性を失っていない。その仕事の通奏低音とも言うべき一貫した「思想」は何であったのか。そうした問題意識に立って、後藤新平を読み解くことを試みるのがこのシリーズである。

後藤新平ほど、論文や書物や講演が数多く残されている政治家は稀有であろう。本シリーズでは、そうした後藤の膨大な著作群から、「自治」や「公共」といったキー概念を軸に論考を精選して編集する。後藤は、〝生物学的原理〟という、医学者でなければ発想できないような独特な「自治」の思想を生み出した。それを基盤に、都市計画、内政や外交、そして教育などへの発言を各々のテーマに沿って整理することにより、後藤の思想を現代の読者にわかりやすく提示したいと考えている。

収録した後藤のテクストは、現代語にあらため、ルビや注を付すことで、現代の読者にも容易に読めるよう工夫した。また、それぞれのテーマについて、いま最もふさわしいと考えられる第一線の識者のコメントを収録し、後藤の思想を現代の文脈に位置づける手がかりとした。さらに後藤自身の重要な言葉は、エピグラフとして抜粋掲載した。いずれも読者にとって格好の手引きとなろう。

江戸の思想家、熊沢蕃山や横井小楠らの思想の影響を受けつつ、十九世紀後半から二十世紀初頭にかけての世界状勢の中で独自に生み出された後藤新平の「自治」の思想は、「公共」はいうまでもなく、国内の、さらに諸外国との「共生」へと連なり、ひいては「平和」へと結びついていくものである。その意味で、彼の思想は現在はおろか、時代を超えて未来の人々に役立つものと確信する。本シリーズが、二十一世紀に入ったばかりの苦境に陥っている世界や日本の人々にとって、希望を見出す一筋の光にならんことを切に願うものである。

二〇〇九年春三月

藤原書店編集部

後藤新平（ごとう・しんぺい／1857-1929）

水沢藩（現・岩手県奥州市）の医家に生まれる。藩校で学ぶうち，赴任してきた名知事・安場保和に見出される。福島の須賀川医学校で医学を学び，76年，愛知県病院に赴任。80年には弱冠23歳で同病院長兼愛知医学校長に。板垣退助の岐阜遭難事件に駆けつけ名を馳せる。83年内務省衛生局技師，ドイツ留学後同局長。相馬事件に連座したため衛生局を辞すも，陸軍検疫部にて日清戦争帰還兵の検疫に驚異的手腕を発揮し，衛生局長に復す。

1898年，総督児玉源太郎のもと台湾民政局長（後に民政長官）に抜擢され，足かけ9年にわたり台湾近代化に努める。

1906年，児玉の遺志を継いで満鉄初代総裁に就任，2年に満たない在任中に，満洲経営の基礎を築く。

1908年より第二次・第三次桂太郎内閣の逓相。鉄道院総裁・拓殖局副総裁を兼ねた。16年，寺内正毅内閣の内相，ついで外相としてシベリア出兵を主張。

1920年，東京市長となり腐敗した市政の刷新を唱導。また都市計画の発想に立ち，首都東京の青写真を描く（東京改造8億円計画）。在任中の23年にはソ連極東代表のヨッフェを私的に招聘し，日ソ国交回復に尽力する。

1923年の関東大震災直後，第二次山本権兵衛内閣の内相兼帝都復興院総裁となり，大規模な復興計画を立案。

政界引退後も，東京放送局（現ＮＨＫ）初代総裁，少年団（ボーイスカウト）総長を歴任，普通選挙制度の導入を受けて、在野の立場から「政治の倫理化」を訴え，全国を遊説した。また最晩年には，二度の脳溢血発作をおして厳寒のソ連を訪問，日ソ友好のためスターリンと会談した。

1929年，遊説に向かう途上の汽車のなかで三度目の発作に倒れる。京都で死去。

〈シリーズ・後藤新平とは何か〉自　治——目次

Ⅲ 「自治」とは何か

後藤新平

自治生活の新精神（一九一九年）

二四〜三八頁写真　市毛　實
カバーデザイン　作間順子

シリーズ・後藤新平とは何か

自治

序　後藤新平の「自治」とは

はじめに

今日、地方分権や道州制などがやかましく叫ばれているが、それらは、いわば地方自治、特に「自治」とはそもそも何かという問題に帰着する。ある地域社会の統治がその構成員である地域住民の参加と同意にもとづいて行われているとき、その地域社会には住民自治が成立しているといわれるが、現状は果たしてどうであろうか。

本来、地域住民は、地域社会の統治に参加し、中央政府の統治に参加する主体であるべきである。しかし、われわれが持つ自治観念には、地方公共団体（都道府県・市町村）が、所詮は中央政府の出先機関にすぎないという意識がどこかに潜んでいるのではないか。それが地域住民の自律性を妨げているのではないか。

そもそも自治をお上（かみ）から与えられるものと考えるならば、そのような自治は健全なものとは言えまい。地方自治においてこのように考えがちになるのは、「自治制」が成立した当初からの長い官治の歴史からくるものではないのか。

一 「自治制」と後藤の「自治」

自治制の沿革

いわゆる自治制というものは、明治二十二(一八八九)年四月一日に施行された市制・町村制に発する。しかしこの制度は、あくまで中央集権的な行政処理体系であった。市町村は自治団体とされたものの、国政事務執行すなわち「官治」の補充として位置付けられているにすぎず、また、府県は中央政府の出先機関であり、それらの長は官選であった。このような自治制の生みの親である山県有朋は、「法律命令を執行するを以て自治の本務と為すこと」(『府県制度資料』)であるとしている。したがって明治政府の意図した地方自治とは、「地方人民の義務……国民たる者国に尽くすの本務にして丁壮の兵役に服すると原則を同じくしさらに一歩進めるもの」(『地方制度法令沿革史』第一篇)であった。

当時のこのような地方自治制は、旧憲法制定や国会開設を目指す自由民権の変革運動に対する明治政府の対応の結果として、さらには「欧米列国との間に処すべき」(山県の談話)結果として構築されたのである。この経緯については、後藤の「自治制の消長について」（本書所収）に大略述べられているが、以後、官治の伝統は巨大なビューロクラシー（官僚政治）を作り出したのである。この中央統制的性格は、地方自治体、特に都道府県の長が公選とされる今日においても、行財政面においてほぼ継承されている。

「生物学的原理」に基づく後藤新平の「自治」

ところが後藤新平の考えていた「自治」は、全く異なったところから発想されていた。すなわち、「生物学的原理」から導き出されていたのである。この「生物学的原理」とは何であろうか。

後藤の『自治生活の新精神』（本書所収）は、劈頭、「人間には自治の本能がある」の一文から始まる。「自治の本能」とは何か。後藤は、自己の生命を衛ろうとするすべての生物に共通する生存本能というべきものから発するのが「自治」意識であるとした。その意味で、「自治」は本能に根差したものであり、人間のみならず生物一般に普遍的なものであるとする。ただし、生物によってそのレベルは異なっている。

この自治の本能を、後藤は「生理的動機」と称した。生物は牙や固い甲羅、毒針などさまざまな「生理的衛具」を生理的動機によって生み出しているが、人間はそのような「生理的衛具」を持たない。そのためまず集団を作り、社会を作って相互の生存を衛るようになる。後藤はこの社会の創出を第一の「生理的補充」、つまり人間の「衛生」を補完するものであると規定した。さらに、君主主権であれ国民主権であれ、主権のもとに国家を創出して相互の生存を衛ることを第二の「生理的補充」と考える。つまり社会や国家は、あくまでも人間の衛生のためのものであり、「自治の本能」の延長上にあるというわけである。医学から出発した後藤新平ならではの指摘と言えよう。

「自治団・自治連合団」によって担う民政

後藤は、「この自治が、本能に起因した自然な作用から、経験を経て法制的作用を形成するようになったのが、現代の生活形式であるが、さらに進んで自律的に働いて科学的作用に到達させるのが」(『自治生活の真精神』)真の「自治」であるとする。「法制的作用」とは、いわゆる「自治制」に相当するが、後藤はさらにそれが「自律的に働」くことを要求する。つまり、社会の一隅に生活を営む者が、自律的に有機的な組織を編成し、相依り、相助けて自己の精神的・物質的生活を向上発展させることが「自治」であると考える。

後藤は、国家とは軍事・外交・司法・警察・立法等「人間の共同体の外部的組織」(後藤新平『日本膨張論』)であって、その「国政」にかかわるのが政党や官庁であるとした。他方、共同体における「民政」は、共同体内の人間の「自治」によって行われるべきだとし、その民政にかかわる有機的組織体として、自治団・自治連合団（生活体）というものを構想していた。国政にかかわる政党の中央政界での争いやビューロクラシーが、民政すなわち地方の「自治」を乱し、自律性を損ない、お上（かみ）意識を助長していると後藤は考える。人間の生活は国家に面倒を見てもらうのではなく、あくまでも自治団・自治連合団の「自治」によって向上発展させるべきものだとするのである。

しかし、この自治団・自治連合団の構想は、実現されることはなかった。明治二十三年（一八九〇）に施行された「集会及政社法」の政治的集会や結社を禁ずる法（後に治安警察法となる）が、その運用面で結社と政党との区別を曖昧にしているために、この法に触れる恐れが大いにあると考え、この法律を撤廃しない限り構想の実現は不可能と判断したのであろう。

二　公共と自治

歴史的自治組織

「公共」という語は、後藤の時代も現代でもそうだが、いわゆるお役所をすぐに連想させる。市町村の「公共的財政」とか「公共事業」などという官治的用語に慣れ親しんでいるからである。しかし、後藤にとって「公共」とは、まさに有機的自治組織体での生活そのものを指す。つまり、「公共」は「自治」と切り離しては考えられないのである。公共的生活は自治に根ざしたものでなければならない。「自己は決して自己単独では生存できない。自己の生活はただ隣人とともに団結してはじめて公共的な生活に広げ向上することが可能である」(『自治生活の新精神』)と後藤は語る。

その意味での公共的生活は、かつて日本のどこの農村・漁村にも存在した、「ゆい(結)」や「もやい(催合)」などと呼ばれる自治的な組織体における生活である。そこには隣人と団結した平等の観念があった。「ゆい」や「もやい」は、後藤の時代にも各地方に残存しており、衛生局時代の地方視察や、後の遊説の折に、そのような自治的組織を見聞きしていたであろう。あるいは有名な歴史的事実として、十五世紀後半から十六世紀前半にかけて、商人を中心とした町民の自治的組織による堺の町の繁栄のことや、石山本願寺などの寺内町(じないちょう)では自治がかなり進んでいたことなどについても知っていたに違いない。

交易ノ理

堺は明、朝鮮、琉球などとの海外貿易を通じて発展繁栄したのであるが、国際間の倫理の基本性格とは「交易ノ理」であると唱えたのは、幕末の思想家、横井小楠であった。後藤新平の岳父、安場保和は横井小楠の「四天王」と称された人物だから、小楠の思想は安場らを通じて後藤の思想を形成する一つの大きな要因となったであろう。小楠の「万国一体四海兄弟」の思想は確かに後藤の頭に入っているのである。

『自治生活の新精神』の中で、後藤は、「各般の生活に必要で欠くことのできない物質的要素、精神的諸条件を、広く世界的に求めなければ、国家としても、あるいは個人としても、完全に存在できない情勢となっている」と述べ、自治に根差した公共的生活が世界的に、あるいは国際的な広がりをもたねばならないことも示唆している。後藤が「公共」という語を用いるとき、自治に根差した「交易ノ理」を念頭においていたと思われる。

外国の有機的自治組織

一方、日頃、遊説先などで有機的自治組織の例はないのかと問われていた後藤は、一九〇九年、ヴィルヘルム二世治世下のドイツに「ハンザ同盟」が結成されると、早速翌年、その綱領を入手した（本書所収）。その同盟が、商工業者の代表者から成り、一職業団体（とそれが応援する政党）の利益を代表せず、一団体にのみ特殊な利益を与えるすべての立法政策を排し、一切の営業団体に均等な注意と適当な保護を与え、社会の一部にわだかまる不平を除去し、万人が公衆の福利のために喜んで共同することを目的として結成されたことを知った後藤は、このハンザ同盟に自らが構想する自治団・自治連合団のひな形を見た。後藤の自治団・自治連合団の「綱領草案」（本書所収）にはその影響が色濃い。

さらに後藤は、中世ハンザ同盟の自治や交易の在り方さえも視野に入れていた。あるいは、米国ノースダコタの農民たちが、州外の銀行や穀物会社、鉄道会社に支配されることを嫌い、無党派連盟という自治組織を結成、一九一六年の選挙を通じて州政府をコントロールし、州独自の銀行、製粉所、穀物倉庫などを建設した事例などにも着目して、政府にコントロールされない無党派の自治組織としての自治団・自治連合団をも構想していたのである。

三 「自治」の実現と失敗、そして後藤の現代性

後藤が経験した自治組織

後藤が実際に経験した自治的組織の例を挙げれば、台湾での保甲制度である。詳細は略すが、彼が生物学的原理に基づき、保甲制度を再構築させて土匪の招降や民心の安定に成功したのは一つの例である。保甲制度は台湾に旧来からあった自治組織であり、日本の領土となってから破壊されていたのであるが、後藤はそれを再構築させたのである。あるいは満鉄にしても、満鉄自体が後藤によって組織された有機的自治組織体であると考えられる。鉄道院や

東京市役所の組織改革にしても、人材登用や科学的組織法の徹底化など、彼独特のやり方で常に「自治」を意識しつつ行ったのである。

後藤が挫折か失敗に終わるときには、大半は、党争ないしはビューロクラシーの壁に突き当たっている。そして党争とビューロクラシーの壁は、「自治」なり「公共」なりの解釈の違いに、あるいはマスコミの誤解もその解釈の違いに深く根差していた場合が多いであろう。晩年の「政治の倫理化」運動にしてもそうである。「自治」の自覚を促そうとする後藤の意図は、常に新党を作る運動と誤解され続けたのである。官治が隅々まで浸透した社会で「自治」を自覚するのがいかに難しいことであったか。

自治三訣

後藤は、既成観念のできあがっていない少年たちに「自治」の観念を芽生えさせるために「人のお世話にならぬよう」「人のお世話をするよう」「そして酬(むく)いを求めぬよう」という「自治三訣」を説いて、少年団の育成に力を捧げた。それを自主的自治の生活の確立と社会奉仕および国家奉仕という視点から説いて新日本の建立を青少年たちに托したのが、後藤の『自治三訣　処世の心得』(本書所収)である。この「自治三訣」の「人のお世話をするよう」や「そして酬いを求めぬよう」などは、今日のボランティア活動に通ずるものがあるが、後藤のそれはさらに規模が大きく広い意味を持っている。

さらに、横井小楠の「四海兄弟」や「交易ノ理」をベースに、国際間の倫理を確立するために、最晩年、官製の大学ではない明倫大学を建立して、東アジア諸国から教師や学生を招いて、国際的な大学とすることを目指し、土地の買収まで進めたのであったが、志半ばでこの世を去った。

後藤の現代性

後藤の「自治」を再認識すること、特に自治団・自治連合団の構想や自治と交易といった公共性も踏まえることは、地方分権や道州制問題、ボランティアやNPO、CSR(企業の社会的責任)、さらにはアジア共同体などといった今日的課題について、大きな示唆を与えているように思われる。そしてそれらについては、いわゆる後藤の生物学的原理・科学的原則が最も考慮されねばならないのは当然であり、後藤の仕事にはその実例が豊かに湛えられていると考える。

藤原書店編集部

I

後藤新平のことば

人間には自治の本能がある。この本能を意識して集団
として自治生活を開始するのが文明人の自治である。

日本人の生活を一言でいえば、「隣人のない生活」である。したがって、差別観をもってずっと生活してきた日本の生活には、平等観がないのである。平等観がないから日本には上下の関係はあるが隣人という平等の関係がないのである。

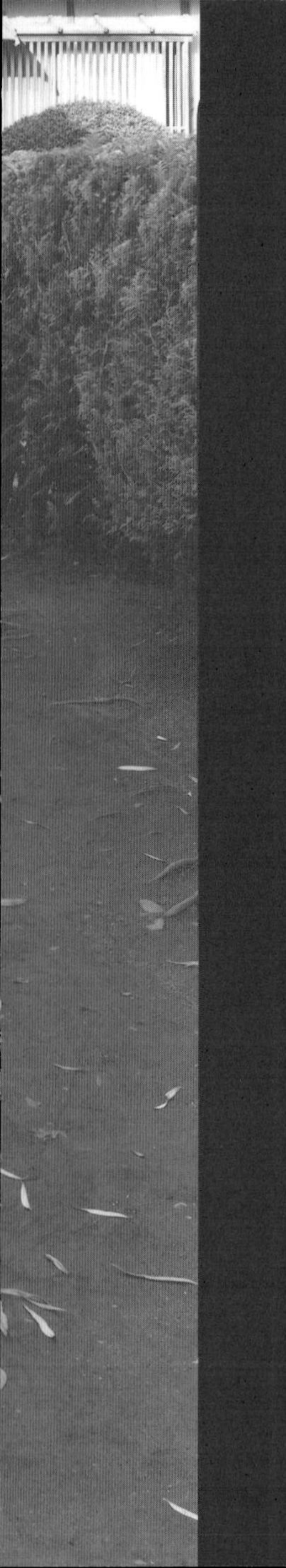

そもそも、自治は、官治に対して起こった言葉であって、官治行政の力が及ばないところを補って、国家の目的を達する作用である。そして自治は、国家の有機的組織の根本であり、国家の基礎をなしている一つの原則である。

自治生活の要義は、国民各自の公共的精神を徐々に養い育て、広め、一致団結、それによって相互協力の美風をふるいおこすことにある。

自治は、共助によって完全に行われなければならないものであるから、自治的精神は、また共助的精神として現われる。

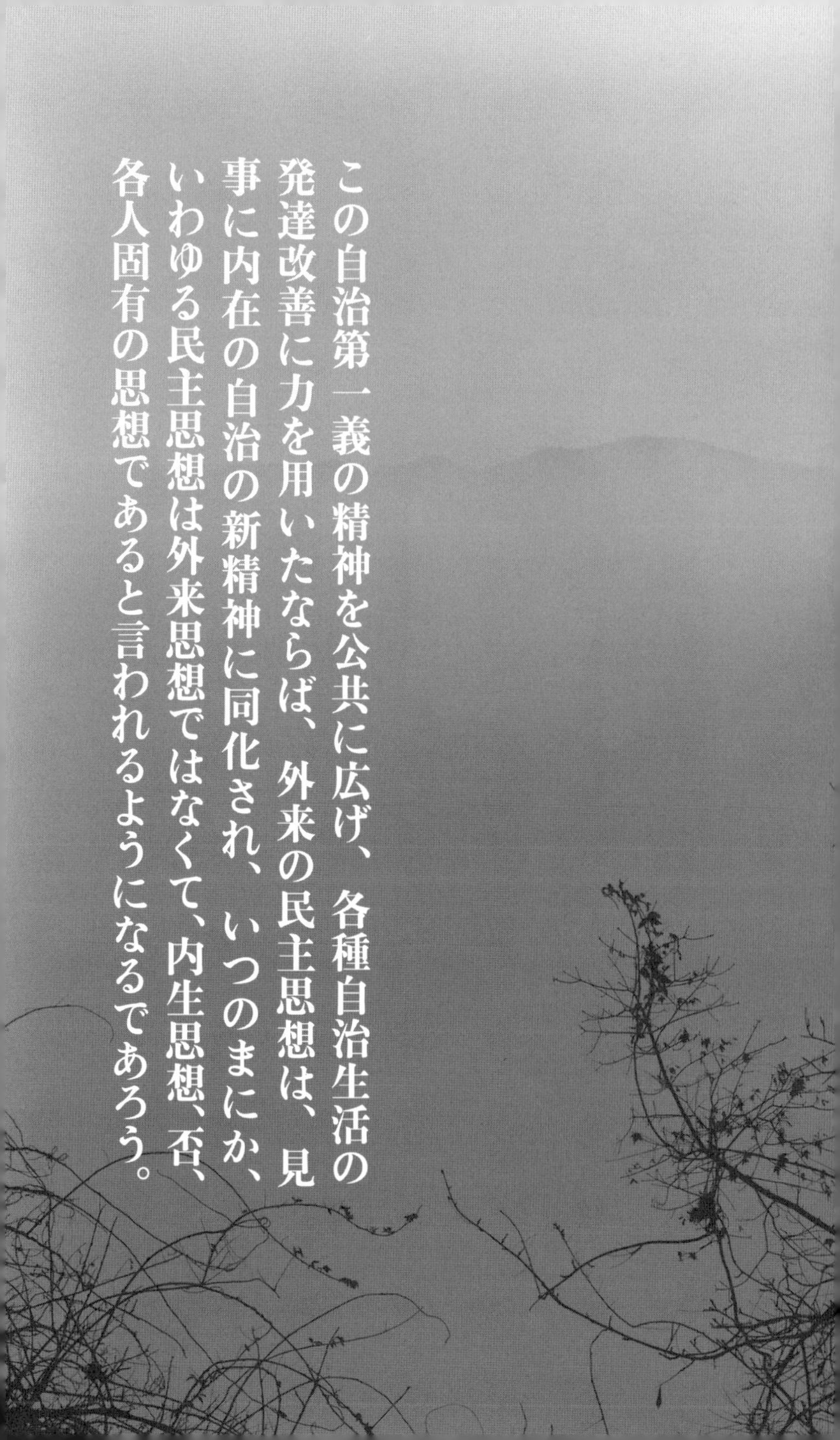

この自治第一義の精神を公共に広げ、各種自治生活の発達改善に力を用いたならば、外来の民主思想は、見事に内在の自治の新精神に同化され、いつのまにか、いわゆる民主思想は外来思想ではなくて、内生思想、否、各人固有の思想であると言われるようになるであろう。

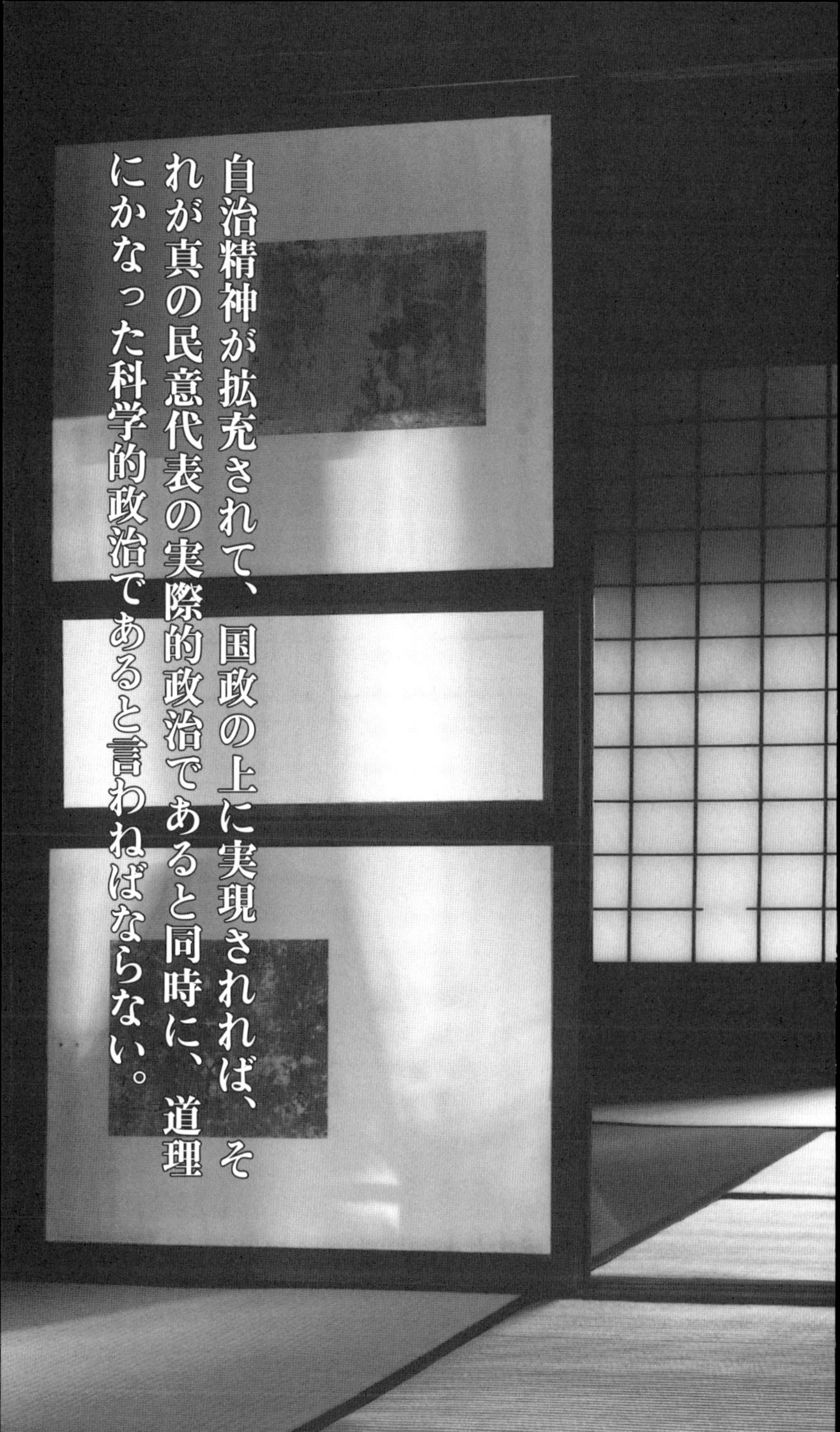

自治精神が拡充されて、国政の上に実現されれば、それが真の民意代表の実際的政治であると同時に、道理にかなった科学的政治であると言わねばならない。

自治を離れて楽土はない

自治の極致(きょくち)は正義である

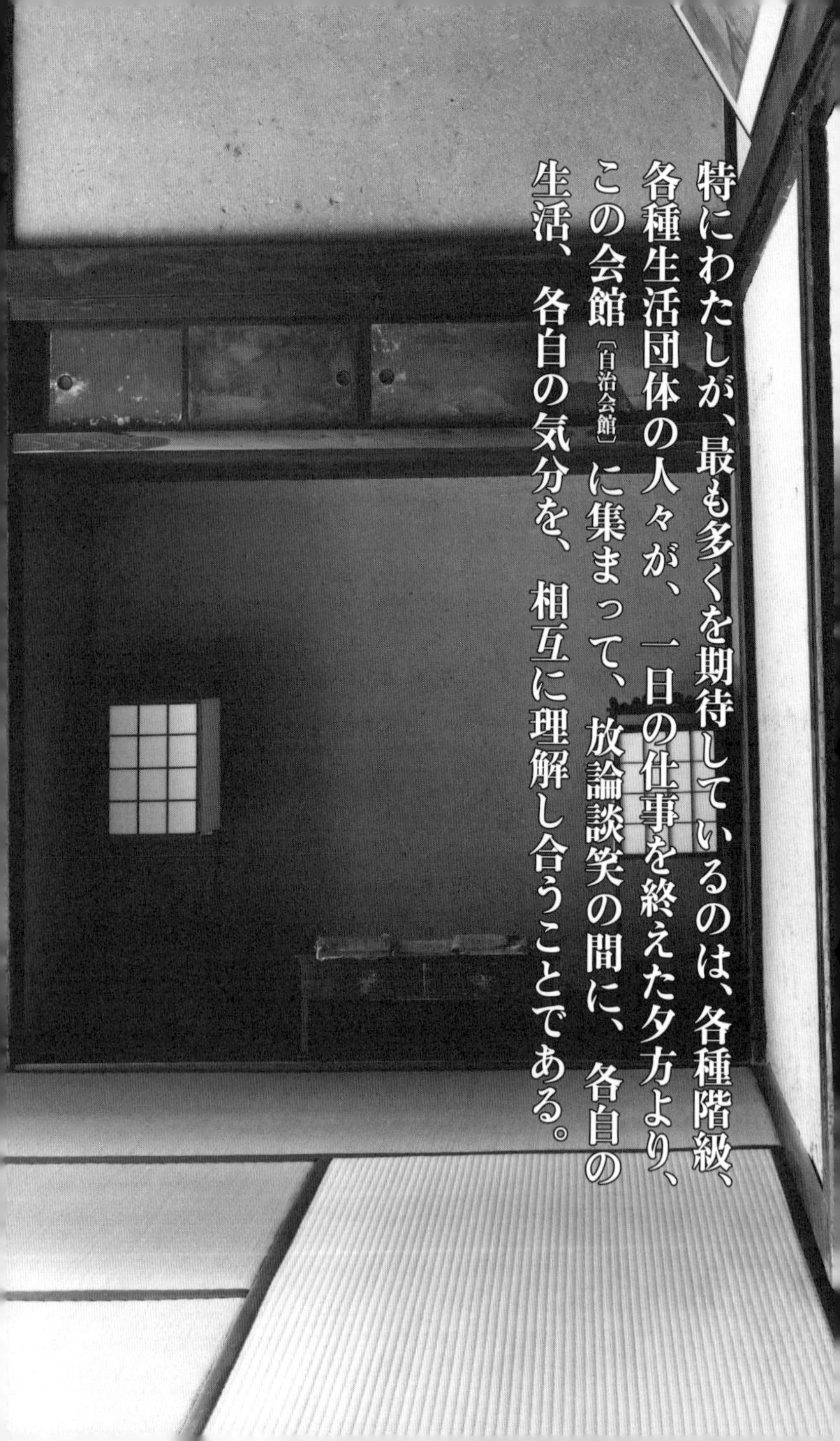

特にわたしが、最も多くを期待しているのは、各種階級、各種生活団体の人々が、一日の仕事を終えた夕方より、この会館〔自治会館〕に集まって、放論談笑の間に、各自の生活、各自の気分を、相互に理解し合うことである。

Ⅱ　いまなぜ「自治」なのか

一に人、二に人、三に人

後藤新平

●つるみ・しゅんすけ
一九二二年生。哲学者、評論家。京都大学、同志社大学などで教鞭をとる。六〇年安保改定に反対、市民グループ「声なき声の会」をつくる。九四年度朝日賞受賞。著書に『鶴見俊輔集』全12巻・続巻5（筑摩書房）、『鶴見俊輔座談』全10巻（晶文社）等。

後藤新平の自治の理想

鶴見俊輔

明治以前に育った人は、殿様やお姫様は別として、自分で自分の世話ができたようである。だから、人の世話もできた。

後藤新平は、十石取りの家の子だから、もちろんできた。

明治後期になっても、児玉源太郎とおなじ旅館に泊まるときには、まめまめしくつかえたという。位階の序列によって、そのようなつかえかたをしたのではない。彼の先輩に無礼なふるまいをしたことは、しばしばあるようだ。

自分の身近にいる若い者に対しては、自分が長上につかえるようにつかえることを求めた。娘である愛子は、夫が夜、お父さんにこれこれの仕事を片付けておくように言われたとのんびり話すので、顔色をかえて、今すぐやってくださいと言ったという。おなじ邸内で、新平の隣に住んでいたころの話である。

孫に対しては、そういうふうではなかった。車座にすわらせ、こどもに話をさせてよくきいた。

こどもを先生とする、という態度だった。

それは、血のつながった幼児に対してだけではなかった。

晩年に団長になった少年団のこどもたちに対してもそうだったと思う。ジャンボリーのあるとき、全国から集まった少年たちが、「いやさか、いやさか」と叫ぶ声がきこえてきたが、命令によって歌わせられるというふうではなかった。団長としてよろこんでいた、その様子が少年たちをひきつけたのだと思う。

身内の成人に対しては、厳しかった。実弟が官吏だったのをやめさせ、生活費を保証して、自分の邸内に住まわせ、いさかいをおこして自分の跡取り息子を邸から追放し、自分の婿（私の父）には、誰が級友の中で有能かをたずねては、その級友を登用して、婿のほうを高い位置にあげなかった。

十五歳で元服した後の年齢の者は、自分自身に厳しくするという考えから、自治を説いたのだろう。

私の母は、生まれたときから私をぶったりたたいたりで、今日だったら警察が介入すると思われるほどだった。そのため私はマゾヒストとして成長し、私の思想流派はなによりもまずマゾヒズムである。それは、私の母が自分の父から受けた期待に沿って成長したからだと思う。

伝記を通して見ると、新平は、わいろをとることなく、身内を登用することがなかった。自分に近づく若い者（元服を終えた者）に対して、自分が十代、二十代にそうであったような、自治と献身を要求した。

その彼の姿を、六歳までの自分の経験として知ることはもちろんできなかった。母親から受けた絶えざる自分の苦痛から、推定するばかりである。

新平は、自分の母親に対しては、よくつかえたようである。桜田町の自邸に、百歳近い老母のためのエレベーターを設置したのは、その家が完成する前に母親が亡くなったので、無用のぜいたくだと陰口をきかれたが、これはまったく彼の実現できなかった孝行の所産である。

二度の脳出血の後、彼が中央政界をあきらめて、少年団の育成に力をそそいだのは、若い世代の中に自治の習慣が育つことを望んだからだろう。

後藤新平の「自治」とは

塩川正十郎

●しおかわ・まさじゅうろう
一九二一年生。東洋大学総長、日本武道館会長、関西棋院理事長。六七年衆議院議員初当選。運輸・文部大臣、官房長官、及び自民党税調会長、総務会長などを歴任、衆院十一回当選の後、財務大臣を最後に〇三年政界引退。著書『佳き凡人をめざせ』等。

一　自然界の法則による「自治」

後藤の自治というのは、ただ行政制度の枠内で考えられたものではない。といって、抽象的な道徳論や概念的な民権論から出たものでもない。それは後藤自身の言葉によれば、「生物哲学」から発したものであると思う。

明治・大正という時代は、皇国思想に基づいた天皇主権制をとる特殊な立憲国家であったので、「自由」とか「民主主義」という概念そのものがあまり取り上げられなかった。たとえば「民主主義」を「民本主義」と表現したくらいである。

このような時代にあって後藤は、人間の「生を衛る＝衛生」という本能を基に、自己と他者を考え、自らの責任をもって行う「自治」という概念を考察したのではないかと思う。

後藤のいう自治精神は、完全な自由と個人主義に基づいた自治の観念というよりも、行政執行するに際し、権力者による強圧的な行政執行は行わず、市民が自治精神をもって自己の責任で自由な行動をとることによって行われるべきと考えられ、期待されたものであろう。

こうした考えの根本をどこに準拠したかといえば、観念論的な「自由」の要求、および「自由」に裏打ちされた権利意識というより、生物一般が持っている衛生本能というものに依拠したのである。そして人類がなぜ支配的な立場を維持できるかというと、人間相互の助け合いの心、自治の連帯責任という精神要素が永年の葛藤を経ることによって、本能が叡智となり人間の力をより強固なものとしたから、一般生物より優位性を確保できたのではないかと考える。後藤はあくまでも権利意識からくる自治というよりも、人類生存の繁栄の実態が、他の生物と基本的に違って、自治を社会生活のなかで実行してきたことによってもたらされたと評価し、自治を社会的全般のみならず行政にも広く応用するよう提唱したのである。

二　国家とは至高の人体である

このように後藤において、自然界の自治の法則に基づく行動を人間社会の自治に結びつけるきっかけとなったのは、「衛生」という概念との出会いであったことは明らかである。

後藤が世に出る上で、胆沢県庁大参事の安場保和とその配下にあった阿川光裕の存在が大きい。安場は熊本県の出身で、後藤とは血縁関係にはなかったが、少年後藤新平の利発さや頭脳の優等性を早くから見抜いていた。安場から後藤を預けられた阿川は、医学校への進学を条件に、安場に学資の援助を申し出た。一八七六年に愛知県病院の三等当直医として十九歳で赴任した後藤は、医師であり医学校教師であった司馬凌海と出会う。鶴見俊輔氏は、「司馬が後藤に、リヨンの衛生警察学および警察医学の翻訳をするにあたって、口述筆記をさせたことが、衛生への開眼になったといわれている」と語っている。

以後、後藤は二十四歳の若さで愛知医学校校長兼病院長に抜擢され、のち内務省衛生局長、台湾総督府民政長官、さらには満鉄初代総裁、逓信大臣へとのぼりつめていく。

後藤は国家の概念を、「国家とは生物の進化の過程で生まれた有機体であり、それ自体〝至高ノ人体〟」と表現している。（『国家衛生原理』より）。また、「衛生」とはパブリックであるとも述べている。後藤は医学者であるがゆえに、科学、なかでも生物学の視点で「国家有機体論」を主張した。

しかしながら、西洋での科学をそのまま受け売りしたものは、風土も気候も慣習も違うわが国では、そのまま使うことは出来ないということを心得ていた。「学」と「術」とを分離し、「術」は「学」の応用の最善を期することにあると心得、「術」すなわち行政なり制度なりこそが重要だと説いている。台湾統治の際も、慣習法を重んじ、現地の人とどう融和していくかという、その土地の実質に沿ったソフトな政策を採ったからこそ、異民族のなかで事業を発展させることができたといえる。

ルソーの社会契約論的な国家の成立ではなく、生理的動機に基づいた「生理的円満」を万民が得るための有機体としての国家をつくる。ここに後藤の自治の本懐があるといえよう。

三　イデオロギーとは無縁の政治家

後藤はイデオロギーにとらわれない政治家であり、したがって、政党政治とは無縁であった。彼は、発見・分析・洞察力にも優れていたが、その業績の優秀さにもかかわらず、あまり政治的声望に恵まれているとはいいがたい。

原敬とは同じ東北出身だが、それゆえライバル関係にあり、関係は良好とはいえず、一方で桂太郎とは仲が良かった。原と桂はお世辞にも仲が良いとはいえず、間に立った後藤はかなり苦しんだといわれている。

また後藤には、政党と取引できるだけの藩閥的バックや議会を制する政党の後ろ盾もなかった。台湾時代以来、最大の支援者であった軍人政治家、児玉源太郎も、一九〇六年、突然逝去した。しかし後藤には、生物学的原理に基づいた確固とした「衛生」思想からくる政治理念と、自らが集めた優秀なブレーンとアイディアがあった。

なぜ彼が、イデオロギーにとらわれなかったかといえば、彼の政治理念からすればイデオロギーを必要としなかったばかりか、イデオロギー主導の政治に、民衆を主体とする純粋性が認められず、作為的な物が多いことから、政党政治を倫理的に正そうという態度を取ったのである。

後藤は、二度の内務大臣、東京市長などを歴任しているが、それは政治的な力ではなく、清廉なテクノクラートであったがゆえに、国民の信頼が篤く政界からの実力評価が高かったがゆえに大臣や市長になったといえる。藩閥、学閥とは無縁であり、というよりは、藩閥や学閥にとらわれず、これは人材と思える人物に近づき、天下の人材を集め、自らの知的欲求の赴くまま、西洋の先端の学術を学び応用することによって、身を立て出世していった。それは非常に困難なことであったと思う。後藤新平こそ、躍動する明治時代が要請した人物である。

四　自らを律し、他に酬いる生き方

もし後藤新平が現代に生きていたら、ぜひ文部科学大臣をやってもらいたい。彼が日本における〝ボーイスカウト運動の父〟であるというのは知る人ぞ知るだが、非常に子ども好きなことでも有名だ。後藤は、自身が子ども時分に苦労した経験から、「できるだけ大らかな教育をしたい」と考えていたようである。晩年は、少年たちに〝自治〟の重要性を説いてまわっている。彼が高齢期にもかかわらず、少年団（現在のボーイスカウト）の設立を発起し、基盤作りをしたのは新しい日本建設は青少年の人材養成にあるとの信念からである。

「自治三訣」

人のおせわにならぬやう　（自助）
人に御世話をするやう　（互助）
そしてむくいをもとめぬやう　（自制）

と自らを律し、他に酬いる生き方を教えた。「自助」「互助」「自制」とも言い換えられる。日本を元気にする国おこしの根本は、いわずもがな「教育」にある。もし後藤が現代に生きて教育行政を担っていたら、現代のわれわれが非難しているような無責任な教育はしないであろう。

人生の自治三訣、即ち「訣」とは『辞苑』によれば「極める」という意味がある。単なる「決」ではない。後藤は〝無私の人〟で、自分の学んだことをいかに世の中に還元していくかを常に考えていた。公共心を備えた有徳な市民を育てるという考え方、国民一人ひとりの自治的自覚を極める生き方を、ぜひ現代に生きる私たちも見習いたい、と思う。

今にして実に新鮮な
後藤新平の「地方自治」

片山善博

●かたやま・よしひろ
一九五一年生。慶應義塾大学教授。前・鳥取県知事。七四年自治省入省。七九年能代税務署長、八七年自治大臣秘書官、九〇年自治省国際交流企画官、九五年同固定資産税課長。九九年鳥取県知事選挙に立候補、初当選。二〇〇七年四月、二期限りで知事を退き、以後現職。

後藤新平が「自治の三訣」を唱えてやまなかったのは、つとに有名である。人のお世話にならぬよう、人のお世話をするよう、そしてむくいを求めぬよう、この三訣は、個人の生き方でもあり、その個人が形成する地域社会や各種組織団体、地方自治体さらには国家のあり方にまで通じる人間の行動原理として提唱されている。

後藤はこのように「自治」という言葉を、必ずしも地方自治の分野に限定して用いているわけではないのだが、もちろん地方自治にはことのほか深い関心を寄せ、当時の地方自治の現状を分析し、問題点と課題とを論じている。

後藤の地方自治論は実に新鮮である。それは、彼が厳しく批判した当時の地方自治の状況が、現在のわが国の地方自治の現状と瓜二つだからなのだろう。時を移し、事例を置き換えれば、彼の論述のほとんどは現代の日本にも通用する。

例えば、後藤は、自治体が中央政界の党争のために翻弄されているさまを慨嘆している。「其の自治を蹂躙されながら、何等不平不満を感知せざるのみならず、自ら其の渦中を躍って歩くと云ふに至りては、全く健全なる思想が何処に存在するや疑わざるを得ない。」と、自治体を非難する。

これを今日の状況に擬えてみるに、過般大騒ぎになった道路特定財源問題をめぐる自治体の対応は格好の実例だろう。道路特定財源問題とは、揮発油税など道路目的の税のあり方をめぐる議論である。論点の一つは、その使途をこれまで同様道路に限ることとするのか、それとも教育など道路以外の他の目的にも使えるようにするのかという点である。もう一つは、これまで暫定的に上乗せしてきた高い税率を今後とも維持するのかどうかという点である。いずれも、税制上及び財政上の観点から論じられるべき問題である。

もとより税負担の水準をどこにおくか、また税の使いみちをどうするかは、政治が選択しなければならない重要な課題である。であればこそ、与野党は道路と他の財政需要との優先劣後を論じ、また、国及び自治体の財政状況と国民の担税力の動向とを睨みながら、最良の結論を模索しなければならないはずだ。ところが、この問題が実務的ないし実証的に論じられることはなく、与野党間の駆け引きや政局の対象とされてしまったことは記憶に新しい。

与党は、野党が話し合いに応じてくれないとひたすら相手を難詰し、一方の野党は、一切考え方を変えるつもりのない与党と何を話し合うのかとにべもない。その結果、法案の処理は一向に進まず、自治体は国税から譲与されるべき地方道路譲与税はいうに及ばず、軽油引取税など自主的に課税すべき地方税さえも税率を決められない事態に陥ってしまった。これぞまさしく、自治体が中央政界の党争のために翻弄されているさまではないか。

この間自治体は、ごく一部の例外を除いて、こうした境遇におかれていることに不平や不満を言うのではなく、政府与党と一体になって、ひたすら特定財源の堅持と暫定税率の維持を主張し続けた。全国におよそ一八〇〇の自治体が存在するが、そのうちの六人の市長を除く他の首長は、まるで政府与党に忠誠を誓うがごとく署名までしたという。中には、和歌山県のように、自治体が自らないしそのダミーを使って、政府与党と同じ主張をビラにしたため、それを域内の全戸に配布した例もあったというから尋常ではない。「其の自治を蹂躙されながら、何等不平不満を感知せざるのみならず、自ら其の渦中を躍って歩く」とは、まさしくこうした有様を表現しているに違いない。

後藤は、地方議会の議員に対しても実に手厳しい。当時の自治制が救い難いほどの病態に陥っている状況を指摘するに際し、「郡市町村議員にして健全なる人と不健全なる人と相混じって居ることも事実である。」と一応の留保は示している。しかし、自分が内務省衛生局において伝染病対策に力を入れている過程で直接接した地方議員たちを評して、「彼らはまた何の為に議員に選挙されて居るかを殆ど語り得なかった。……議員になったのは、社会公共のために尽くす目的ではなく、冠婚葬祭の時に床の間の前に坐りたい一念の結果であったのである。」と難じている。今日風の言い回しにすると、議員がそのミッションを弁えておらず、もっぱら名誉欲や虚栄心を満たすために議員でありたいと考えている者が多いということだろう。

では、議員のミッションとは何か。一般にミッションを把握するには、その役職が「誰のために」かつ「何の目的で」存在しているかを考えてみればよい。これを地方議員の場合にあてはめてみると、「住民のため」に、「住民にとって必要なルールを決め（立法）、あるいは住民ないし納税者の視点に立って首長を中心とした執行機関をチェックするため」に存在しているはずだ。

ところが、現在のわが国の地方議会では、自主的に立法機能を果たすことは極めて例外的である。形式上立法はしているのだが、その大部分は執行部が提案する議案をただ承認するだけだ。しかも、その議案の内容を殆ど理解しないまま通すことも珍しくない。

執行部をチェックしないことも、わが国議会の特徴である。今全国の多くの自治体の財政は危機的状況に陥っているが、これは、各年度の予算と決算の審議を通じて、歳入と歳出のバランスを確認することによって自治体財政の持続可能性を担保すべき議会が、その本来の役割を果たしていないということにほかならない。

その裏で、議員の多くは口利きに忙しい。土木建設業者の仕事を確保することに奔走し、有力者の子供が職員採用試験に合格するよう働きかけ、あるいは知り合いが公営住宅に優先的に入居できるよう役所に圧力を加える議員は少なくない。そうやって、自分を支持してくれる人たちの利益を実現し、その人たちの歓心を買うことこそが、次回以降の選挙における彼の当選を確実なものにしてくれるのだ。

もちろん現代においても「健全なる人と不健全なる人と相混じって居る」の

は事実だが、「社会公共のために尽くす目的」ではなく、むしろ「社会公共」を犠牲にしてでも、自分の地位の保全に汲々としている議員が数多く存在していることは、後藤の時代も今日もさほど変わりはない。

さて、では当時の自治を蹂躙されたままのふがいない自治体と、質の悪い議員を生み出したもとは何か。後藤の批判は、「吾人各自は能く自治において負担する所の義務を完全に尽し居るや否や。現今各自治体議員の選挙に際し国民は能く義務を尽くしつつありや。」と、主権者である有権者・住民の姿勢に及ばざるを得ない。

後藤は、当時の地方議会議員選挙において棄権する者が多い実態が、健全な自治体を形成する上で大きな障害になっていることを指摘している。『衆議院議員なら兎も角、高が町村の事だ何心配することはないよ。まあ他人に任せて置けばよいさ』という塩梅で、地方の知識階級なるものが、選挙の意義精神を了解せざる有様は全く言語の外にある。」という。

これもまるでわが国の現状を表しているようではないか。自治体行政のズレと質の低さを指摘する人は多い。しかし、その人たちがこまめに首長や議員の選挙において投票所に足を運んでいるかといえば、必ずしもそうではない。特に知的職業に就いている人の中に、自治体レベルの選挙を頗る軽視している人が多いのが実情である。有権者の無関心が、議員の「品質管理」を妨げていることにおいて、今も昔も変わるところはない。

後藤は、「現今国民は果たして真に自治を迎ふるや。はたまた官治を希ふとなきや」ともみている。これも、現代に通じる根源的な問いである。地方分権を進めることは国是とされ、政府は地方分権推進委員会まで設けてその国是を実現しようとしている。また、選挙になれば、各政党とも例のマニフェストの中で地方分権にその一章を充てている。

ところが、その地方分権推進委員会が官僚の抵抗にあって立ち往生していても、国民が怒りの声を上げることはさらさらない。選挙において地方分権が有権者の関心を集めることもなければ、大きな争点として浮上することもない。まさしく「国民は果たして真に自治を迎ふるや」の感を深くするのである。

後藤は、こうした状況を踏まえた上で、国民に対し一つの覚悟を求めている。「さて、しからば我が自治制に対して吾人は如何なる覚悟を必要とするのであるか。此の問ひに対する答案は極めて簡単である。曰く紳士たるの本分体面を体得し、何らの催促を受けずに社会税、精神税を支払うべし。」というのである。

社会税、精神税とは、金銭で納める地方税をいうのではない。広い意味での精神的努力をいう。今日的な表現でいえば、選挙はもとより自治体行政への参画や協働を通じて、地域社会を支えることに人一倍貢献をするが、決してその対価はもちろん称賛すら求めない態度をいう。一方的に努力を捧げるが、決してその対価や見返りがないという意味で「税」といっているのである。

ここで、結局は自治の三訣に帰着する。人のお世話にならぬよう、人のお世話をするよう、そしてその報いを求めぬよう。健全にして屈強な地方自治を実現するには、主権者である住民一人ひとりがこの三訣を自分のものにする必要があるということである。もちろんその点で、後藤の時代も現代も何ら変わるところはない。

●ようろう・たけし
一九三七年生。東京大学名誉教授、解剖学者。六七年医学博士号を取得。東京大学医学部教授、北里大学教授を歴任し、九八年東京大学名誉教授。著書『からだの見方』（筑摩書房）でサントリー学芸賞、『バカの壁』（新潮新書）で毎日出版文化賞を受賞。

モノと後藤新平

養老孟司

台湾統治の原則について、後藤新平は「生物学的原理でやる」といったという。戦後思想では「植民地主義」は罪悪ということになっているが、実際に台湾統治は成功だったというしかない。では後藤のいう生物学的原理とはなにか。いちばんの基本は、モノに目を据えることである。モノに基礎を置くのは自然科学で、後藤は医者だったから、それで当然だった。しかしモノに基礎を置く「生物学」は身も蓋もないもので、その結論をただちに社会に持ち出せば、しばしば文句をいわれる。もっとも後藤は他人の文句は聞き慣れていたはずである。一つなにかをすれば、それだけ文句をいわれると、自分で述べているからである。

自治を説くなかでも、後藤はまず指紋を例に挙げて、人間は同じではないことをいう。現代人はそうした違いを「大した違いではない」と見なす。でも他方では、個性だ個性だという。いったいどちらがどれだけ大切なのか。人間は平等なのか、そうではないのか。人間が身体的に、たがいにどれだけ異なっているか、はっきりした認識を持っているのだろうか。私は解剖学を専攻したが、その道を極めたという自信はない。身体だけでも、人はそこまで複雑なものでである。

後藤のように、その認識の上で平等を説くのはまっとうだが、違いがわからないのに平等を説くのは、単なるお題目である。でも人々は、いまではその違いに目を向けようとしない。その上で格差社会などという言葉を作る。それなら世界は格差社会ではないのか。アフリカの十億人はどうなのか。

自然について、「自然資本」「自然利子」を後藤は説く。

「自然の利子を資本として行くのと、自然の資本を資本として行くのと、この二つのものに依って経済生活の生命に結局長短を生ずる。之を再言すれば石炭を資本とすれば生命短く、水力電気（自然の利子）を利用すれば経済生活の生命長久である。」

当たり前だと思うであろう。でも二十世紀の経済を考えて欲しい。石油の需要が増えれば、その分石油を増産する。ひたすらそれでやってきた。そのため原油価格はおおむね一定していた。おかげで経済は右肩上がりだった。その経済を謳歌したのが、戦後の日本ではなかったか。そのために生じた問題は、二十一世紀に処理しなければならなくなった。環境問題とは、単にそのことに過ぎない。
石油は後藤のいう自然資本の典型である。だから、いずれは生命が尽きる。それを石油のピークアウトという。その時期は十年以内と予測されている。後藤が生きていれば、石油文明はいずれ破綻することを一生懸命に説いたであろう。

現に昨日のニュースでは、イカ釣り漁船が仕事にならないという。もうこんな仕事はヤメだと、漁師はいう。冷たいようだが、それでいいのであろう。あれだけ煌煌と夜の海に漁火を焚き、まずイカがいなくならないはずがない。さらに原油高が加わったら、仕事にならないのは明白であろう。あれは二十一世紀の漁業ではない。

石油つまりエネルギー消費と、経済成長はほぼ完全に相関する。経済が三パーセント成長するということは、エネルギー消費が三パーセント増すということである。政府やメディアは一方で景気対策をいい、他方で温暖化ガス削減をいう。そんなことがどうして可能なのか。

温暖化を防ごうとするなら、石油の消費を減らすしかない。それなら経済を減速するしかない。政治家がそれをいえるはずがないから、温暖化ガスの排出を削減することは、倫理問題なのだと、政治家であるゴアはいった。政治家が倫理を説いたら、ウソだと思ったほうがいい。ウソで悪ければ、話のすり替えである。

そこから発して、後藤は本当の「自然の利子」を「健全な生命」に置く。「真正の全資本は健全なる生命に帰する疑いはない」。みごとな言明ではないか。人間が働いて稼ぎ出したものでなければ、社会の健全な基礎にはなりえない。石油を基礎にしたアメリカ文明は、ドル崩壊を心配されている。それはなにもアメリカだけの問題ではない。そのシステムのなかに、日本も中国も組み込まれている。それを訂正していくのが、二十一世紀の人類の課題なのである。

その「健全なる生命」の上に、社会が成り立つ。そこから後藤のいう自治が始まる。自治の原則を個人に戻せば、話は簡単である。「人の世話になるな」「人の世話をしろ」「報酬を求めるな」。福祉国家とは、いったいなにか。三つの原則を国家に預けた国民に、どういう未来があるのか。後藤ならそういうに違いない。そういう国家で、国民各個人はいったい自分でなにをすればいいといううのか。

後藤新平以降の日本の近代史を考えると、後藤に生きていて欲しかったといつも思う。でも後藤を大風呂敷といい、無茶をいうと、人々が思う時代になっていく。挙句の果てが石油の禁輸を直接の原因とする戦争である。敵国である米国に、当時の大日本帝国は石油の九割を依存していた。それでなぜ戦争が可能だと信じたのか。後藤が生きていたら、なんといっただろうか。

いま後藤の説いたことを読み直してみると、あまりにも当然のことをいっているのに驚く。それと同時に、その当然のことがなぜ実現されないかに驚く。若いときには、当たり前を説く年寄りをなんとなくバカにしたものである。そういう年寄りに私もなったのであろう。人間は時代を経ても、べつに利口にはならないのである。

Ⅲ　「自治」とは何か

編集部付記

一　底本の表記は現代仮名遣い、常用漢字体に改めた。書籍名は『　』で示した。

一　読み易さを考慮して、原文にない改行やルビ、読点を付加し、小見出しや書誌情報を加えた。

一　原文で理解が難しい事項には、編集部による注を施し、★、★★……または（1）（2）……で示した。編集部の補注は〔　〕で示し、原文の（　）はそのままとした。

一　今日では適切でない表現は、現代に即した適当な表現に変えた。

一　論旨と関係のない、時代にそぐわない箇所は省略した。

自治生活の新精神

（一九一九年）

総序――はじめに

人間には自治の本能がある。この本能を意識して集団として自治生活を開始するのが文明人の自治である。われわれは自治の問題を、古くからの因習にしたがって、もっぱら正邪善悪という抽象的な道徳論として取り扱ってはならない。人間の生活を拡充させ向上させるのが正であり善であり、これに反するのが邪であり悪である。したがって、われわれはまず、人間の生活とは何か、ということを十分に理解しておかねばならない。人間の生活のないところには、正も邪も善も悪もないのである。

日本人の生活を一言でいえば、「隣人のない生活」である。日本は家族制度★の国である。家族制度は、差別観で貫かれている。祖先といい子孫といい、父子といい夫婦といい、兄弟といい姉妹といい、あるいは主従（しゅじゅう）主人と従者といい、家の子郎党（ろうとう）主人に仕える一族および従者の総称というのが差別観である。われわれはこの差別観を排斥するのではない。人間の世界がいかなる時代にも哲人・偉人を必要とするならば、差別観は人間とともに常に存在するのである。われわれが特にここに指摘しようとするのは、差別観の生活はただちに上下を意味するが、いわゆる隣人を意味しないことである。したがって、差別観をもってずっと生活してきた日本の生活には、平等観がないのである。平等観がないから日本には上下の関係はあるが隣人という平等の関係がないのである。

★戸主を頂点とし、その下に続柄に従い、尊属、直系、男性を優位に、卑属、傍系、女性を劣位にした家族秩序を持つ家族集団を国家の統治体制の基礎にしたもの。現代にその遺制がある。

家族制度的な生活があって隣人関係の生活がないのである。国家的生活、国家に対する義務を遂行し、国家に頼る生活があって、社会的な生活がないのである。われわれが自治生活の新精神を強調するのは、差別観を排斥するのではなく、平等観を基調としてさらに新たな差別観に向かおうとするからである。社会的生活を基調としてさらに新たな「国家的生活」に向かおうとするからである。

人間は自己の生活を拡充させ向上させる権利を持っている。どのようにして自己の生活を拡充させ向上させるのか。自己は決して自己単独で生存できない。自己の生活はただ隣人とともに団結してはじめて拡充させ向上することが可能であるのは説明するまでもないが、このことは平等観の生活がない日本では容易に実現できないのである。

人間に利己を捨てさせ、ただ抽象的な正邪善悪の道義的な感情だけで選挙場に赴かせるのは困難である。もし、日本国民の生活に社会的に隣人と密接につながった組織があれば、自己の利益と社会の利益とが一致融合することを発見し、自己が永遠の生命を社会生活の中に発見することになるだろう。そして、社会を害して自己の一時の利益を計るのは、いわゆる「野獣的利己（ブルタル・セルフ・インテレスト）」であって、社会を利することがやがては自己の永遠の利益であって「人間的利己（ヒューマン・セルフ・インテレスト）」であり「啓発的利己（エンライツンド・セルフ・インテレスト）」であることを自覚するようになる。ところが、隣人のない生活では、自己の利益を計ることは単に自己の利益を計ることで、社会的には何の交渉もない。そこで一円二円のはした金（がね）をもらって選挙場に赴くのである。地方自治にせよ立憲政治にせよ、日本の選挙人にはこれ以外に自己の利益ということが考えられないのである。そこで候補者は直接に最少限度の利益を選挙人に与え、そして間接的に砂利やガスや、道路、橋梁、上下水道、港湾、鉄道の利権によって、最大限度の利益を収め、それによってその運動費を回収するのである。「野獣的利己」すなわち邪であり悪である。それに対して「人間的利己」はすなわち正であり善である。

地方自治にせよ立憲政治にせよ、人間生活を公共的に広げ向上を計るのが目的である。したがって人間生活を利益するのが目的である。ところが日本では、「野獣的利己」が政治を左右するために、日本国民はその生活が脅かされ、奪い取られる場合が数えきれないほどある。これは日本国民の生活に「隣人との生活」がないからである。平等な社会的生活がないからである。そうでなくてさえ、無駄使いの国日本は、地方自治にせよ立憲政治にせよ、ますます無駄使いの国となりつつある。

平等な社会的生活といえば、近隣の人々との組織団結があると言っただけではまだ抽象論である。人間の生活はまず食べることから始まる。しかし生きようと望む意志の強烈なものは、呼吸していればいいという生活に満足するものではない。かならず積極的に生きたい、美と真と善とを現実化した生活をしたいという要求を生ずる。食べるために生きるものはまず経済に生きなければならない。ところで、健康を維持する保健の生活と経済の生活とは二つでありながら一つである。一つの生きようと望む意志が一つは保健の意志となり、一つは経済の意志となる。日本には保健衛生の意志が乏しい。したがって公共的な経済の意志も乏しい。

真に徹底した経済生活をしようとすれば隣人と協力するよりほかに途がない。あるいは貧しいものが団結して資本主義を罵り、商業制度を罵る。われわれも決して資本主義を永遠の生産主義とするものではないが、かりそめにも隣人と団結するという習慣があれば、資本主義、商業主義の弊害を少なくともある程度まで矯正することは決して困難ではない。もし、小売商人が暴利を貪るようなことがあれば、一市一町一村の主婦の多数が購買を拒絶することによって小売相場は容赦なく下落するに相違ない。この結束がやがて社会連帯の理想に達する道である。

自治の基調は生命を愛護し、その生命を愛護するために、経済生活において徹底的に浪費をしないようにすることである。消費生活に徹底して浪費がないようにする経済生活があって、初めて真の生産があり真の分配がある。

自治を単に官治的地方自治に限るものとしてはならない。各種の職業組合ももちろん、自治でなければならない。産業もまた言うまでもなく自治でなければならない。繁昌すれば有頂天になり、少しばかり逆境に陥ればたちまち行政に救済を叫ぶなどというのは、自治とはほど遠い。隣人とともに生活するとなれば、隣人との相互扶助がなくてはならない。相互扶助があれば、相互制裁もなければならない。

本書は一時に著述されたものではないが、その精神は常に一貫している。読者がもしこれによって自治生活が何物であるかを明らかにし、自治生活の実現に向かって努力されるなら、わたしが本書を公にしたことは必ずしも浪費ではないと信ずる。

1　世界の煩悶と自治生活

現代の生活は、その個人的であると、あるいは政治活動や選挙・納税・兵役など国家的であるとを問わず、世界共通の大きな煩悶に陥っている。大きな煩悶は、大きな創造によってのみ、これを癒すことができるのであり、また必ず大きな創造を導き出すのである。わたしがここに自治生活の新精神として提唱しようとする、自治第一義、自治中核主義というものが、はたして現代生活におけるこの煩悶を癒すのに足りる創造であるか否かは別問題として、現代生活に潜在する要求が、つまるところ、この辺りに存在しなければならない。そして現代生活の形式がこの精神に合致するのでなければ、人類生活の平和と向上とは、今日以上に望めないであろうと信ずる。

2 自治は人類固有の本能である

世に言ういわゆる自治は、セルフ・アドミニストレーション seif-administration あるいはセルフ・ガヴァーメント self-government を言うのである。元来、この自治というものは、決して新しい意味のものではなく、人類に固有の本能である。すべての生物には、自衛★という作用が本能的に存在しているが、この自衛が、すなわち自治の一種である。このように生物が自治の本能を持っているように、わけても人類は自治の本能を持っている。この自治が、本能に起因した自然な作用から、経験を経て発達し法制的作用を形成するようになったのが、現代生活の形式であるが、さらに進んで、自律的に働いて科学的作用に到達させるのが、わたしのいわゆる自治第一義、自治中核主義である。

★後藤は、人間を含めて生物は「衛生」すなわち「生を衛る」という本能を持つと考えており、爪牙とか硬い甲羅や毒針のような衛生具を身に備えていない人間は、集団をなし、社会をつくり、国家をつくって自己の生を衛るというやり方で「自衛」すると考えている。

3　わが三千年の歴史の誇り

そうであるから、自治というものは、わが国にあっても、決して舶来(はくらい)の精神ではなく、三千年★の昔から存在していたのである。その表現の形式や名称が時代と場所によって異なっているものの、その個人的生活に始まり、社会的生活、国家的生活に及ぼしてきた、自治の運行発達の経路には、何ら変わりがない。儒教に、格物致知(かくぶつちち)誠意正心(せいいせいしん)修身斉家治国平天下(しゅうしんせいかちこくへいてんか)★★というのも、自治の精神を説いたに過ぎないのである。しかも、自治が貴ばれなければならないのは、このように、その淵源(えんげん)が古いためではない。いたずらに古さを貴ぶのは、骨董(こっとう)を弄(もてあそ)ぶのと同じである。人類文化の価値は古いから貴いのではない。時代の推移に伴って、その命が新たになるところにある。わが国三千年の歴史の誇りもまた、祖先伝来の精神を堅持して、しかも常にその命がまた新たになるところにあるのを忘れてはならない。

★後藤の生きた時代には『日本書紀』に記す神武天皇即位の年（紀元前六六〇年）を元年として起算した皇紀という年号が頻用されていたために三千年という表現がなされた。

★★『大学』より。理想的な政治について窮極の目的である「平天下」にいたる階梯。「格物」は、朱子によれば「物にいたる」と訓み、事物の道理を徹底的に究明することとし、王陽明は「物をただす」と訓み、対象に向かう心の動きを正しくすることとする。次に「致知」で知を完成し、「誠意」で私欲・邪曲を去り、「正心」で心を正し、自分の身を修め（修身）、家庭を平和にし（斉家）、国を治め（治国）、天下を平かにする（平天下）という順序に従わなければならないとする。

4　人類生活の大改造と人類の共同責任

欧州大戦★勃発（ぼっぱつ）の原因は、これを哲学的に観察すれば、近代文明が不自然であり欠陥があるため、人類の内部の要求と外部の生活とが調和を欠いているところに、存在したとも言われるであろう。すなわち、人間生命の活火（かっか）が、虚偽の文明、虚偽の平和、虚偽の結合、虚偽の妥協を破壊しようとして爆発したのである。このように、今回の欧州大戦が、人類生活の大きな欠陥に基づく、大きな動揺である以上、まさに来ようとする平和は、当然、人類の物質的生活、精神的生活に世界的な大革命・大改造をもたらすものでなければならない。この人類生活の世界的大革命・大改造を、意義あるものとするか否かは、今後、世界人類の平和に大変大きく関係するのである。そして、これは実に、現在の世界総人類の共同責任である。

★第一次世界大戦(一九一四年七月〜一九一八年一一月)。三国同盟(独・墺・伊)と三国協商(英・仏・露)との対立を背景に起こった世界的規模の帝国主義戦争。サラエボ事件が導火線。一九一九年六月のベルサイユ条約で講和成立。

5 旧文明の総決算と新文明の創造

思うに、世界人類の歴史があって以来、今日のように、文明の急激な転換期に遭遇したことは、未(いま)だかつてないであろう。したがってまた、今日のように、世界人類が尊い試練に逢着(ほうちゃく)したこともなかったであろう。この試練に対する、世界人類の偉大な全努力、全苦悩が、すなわち、すでに生命を失った古い文明を破壊して、最も自然な、最も健全な新しい文明を創造しようとする産(う)みの苦しみである。この産みの苦しみから弾(はじ)き出されてくる総決算は、何よりもまず、世界人類の生活的自覚を必要とする。何を生活的自覚と言うのか、これはすなわち、自治生活の新精神に対する理解を言うのである。

6　文明生活と国家の国際的発展

文明生活の中心となる意義は、国家国民の経済的発展、文化的発展をもたらすことにある。国家国民の文化的発展をもたらすには、まず内に国民の精神的生活を豊富に、充実させ、健全を企図しなければならない。国家国民の経済的発展をもたらすことを望むならば、まず内に国民の物質的生活を豊かでやすらかにし、向上させ、改善に努力しなければならないのは言うまでもない。そして、今日の文明生活は、ただでさえ、その生活に必要とする資源、すなわち物質的生活に要する資源、精神的生活に要する資料、これを別言すれば、各般の生活に必要で欠くことのできない物質的諸要素、精神的諸条件を、広く世界的に求めなければ、国家としても、あるいはまた個人としても、完全には存在できない情勢となっている。したがって国家の国際的発展に頼らなければならなくなっている。

7　抜本的に一新する必要

ところが欧州大戦は人類の物質的生活、精神的生活に、世界的大動揺を招来したために、前述のように、今日の文明生活が、その生活資源を、広く世界的に求めることを必要とし、自然のなりゆきともなっているにもかかわらず、人為に基づく実際は、この必要と自然のなりゆきに背き、自給自足を余儀なくさせようとしている。これは実に、現代生活の矛盾であり、悲哀であり、そこにまた、政治家がよく考えなければならない大きな問題であると同時に、新たに国家の国際的発展によらなければならない多くの問題が潜んでいることを証拠立てている。したがって、大戦後に処するために、国家としても、また国民としても、さまざまな施設経営はもちろんのこと、各種の精神的生活においても、抜本的に古い考え方を一新することを必要とするのである。

8　社会の進歩と社会的要求の複雑多岐

このように、今後、国家の国際的発展によるべきものが多いのに加え、社会が進歩すればするほど、社会階級も複雑となり、多岐となる。社会階級が複雑となり多岐となるに伴って、社会的要求もまた複雑となり多様となる。特に大戦後の生活は、より科学的に、より精神的に、より情意的に、より実際的にならなければならず、また、必ずそうなるだろうというのが、わたしの長年の考えである。このように、複雑多様な時代の要求を、洞察し、調和させ、統一し、貫徹して、国家国民の総生活を、弛緩なく、渋滞なく、不均衡なく、向上発展させるということは、単純でしかも画一を主とした官府政治――お役所政治、お役人政治では、とうてい、実現することはできないのである。社会が進歩すればするに伴って、国家の政治に不平不満が多くなり、そのために、社会の不安不穏を惹き起こすのも、これが一つの理由と言えるであろう。

9 官治の効力と自治の効力

元来、国家的生活以外に、個人的生活の処理までをも、ことごとく官治★に委ねようとするようなことは、旧思想旧形式の政治であって、決して新しい思想、新しい形式の政治とは言えない。自ら治めるということは、ただ道徳上のみならず、政治上においても、最も必要な条件でなければならない。これを実際に求めてみると、わが国際的産業の発展上に、少なからぬ影響を及ぼす、かの粗製濫造の取締り★★ということなども、官府行政の力だけでは、決して完全に取締まることはできないが、各々その産業自治体の自治的作用に頼ってこそ、初めてその目的を完全に達することができるのである。たとえば、輸出生糸試験所、輸出米検査所のようなものが、その好適例である。

★国家が中央官庁から地方官庁を通じて直接に行政させること。

★★一八五九（安政六）年の開港以来、日本生糸の輸出は増大したが、粗製濫造による品質低下に起因する国際競争力の減退で輸出価格が停滞したため、江戸と各産地に生糸改所が設けられた。九六年、生糸輸出拡大に伴い、横浜と神戸に輸出生糸検査所が設けられ、優秀な生糸が生産されるようになり、一九〇九年には世界最大の輸出国となった。

10　生活様式・生活気分の大革新

特に、この世界の大変局に際し、それでなくても、国家の国際的政策運営は、いよいよ多岐となり、国民各階級の生活的要求もまた、ますます、複雑多様となろうとする今日にあって、単純で画一的な官府政治は、どのようにしても、この複雑多様な諸般の要求に、応じ切ることはできないだろう。したがってこの世界の大変局に伴う、国家国民の国際的ならびに個別的諸生活の大動揺に際し、よろしく国家国民の総生活を統制し、緊張させ、向上させ、発展させようとすれば、国家国民の各般の生活様式、生活気分に、一大革新を必要とする。わたしが、自治第一義、自治中核主義を提唱しようとするゆえんである。

11　自治は国家の有機的組織の根本である

自治を盛んにするということは、わたしの長年の志である。先に、時代の弊害や悪習に心を動かされ、同憂の士の参考に供し、あわせて天下の諸君子に訴えるために、「自治団綱領(こうりょう)草案」〔以下参照〕というものを印刷して、広く頒布(はんぷ)したことがあったのは、世人(せじん)の記憶に新しいであろう。

そもそも、自治は、官治に対して起こった言葉であって、官治行政の力が及ばないところを補って、国家の目的を達する作用である。そして自治は、国家の有機的組織の根本であり、国家の基礎をなしている一つの原則である。自治生活の要義は、国民各自の公共的精神を徐々に養い育て、広め、一致団結、それによって相互協力の美風をふるいおこすことにある。換言すれば、しっかりとした協同観念に則(のっと)って、地方団体の文化的、ならびに経済的発展を促し、国民相互の福利を増し、各部各体の調和融合を図り、それによって国家機能をより活性化することを目的とするものである。したがって、自治生活は、国家の活動力の源泉であり、国民の憲政的活動の練習所ともなるから、国家憲政の建立は、健全な自治生活を基礎としなければならない。

12　地方自治は自治生活の一部形式のみ

このたびの欧州大戦に当たっても、国家の自治機関が健全であるか否か、国民の自治的精神が旺盛(おうせい)であるか否かが、ただちに列国国力の強弱に、極めて大きな影響を与えたことは、世人がよく知っているだろう。国家生活において、自治が重要であることは、まさにそのようなものである。しかも、従来説く自治というものは、人類生活の全姿態・全形式の、わずかに一局部における自治生活を説いたに過ぎないのである。すなわち、官治に対する自治、官治行政に対する自治行政を説いたに過ぎないから、いまだこれをもって、わたしのいわゆる、自治第一義を説きつくしたもの、自治中核主義の全精神を説明したものであると言うことはできない。

13 自治生活とは人類生活の総称である

それでは、私が言う自治第一義・自治中核主義というのは何ものを意味するのであろうか。私の自治第一義・自治中核というのは、自治生活の範囲においては、単に官治行政に対する自治行政というような、区切られた狭い生活形式だけに止まらず、広く人類の文明的生活の全形式に及ぼすのであり、また、自治生活の作用においては、その一切をさらに一層、生物学的原理、科学的原則を基礎とせよというのである。すなわち、自治的能力というものは、一切の生物、一切の細胞に、本能的に備わっているものである。特に高等な生物である人間にあっては、この能力を、ただ本能的に備えているだけでなく、さらに理知的に発展させていなければならないはずのものである。

語を換えて言えば、自治生活は、人類生活から自然に生まれ、自然に発展したものであるから、自治生活とは、人類生活の総称であると言っても、決して過言(かごん)ではない。この人類生活から自然に産まれた生活形式である自治生活を、文明生活の総ての形式に広げ公共化させ、その自然な発展を遂げさせるのが、わたしのいわゆる自治第一義の真精神である。

14 自治生活と世界人類の平和

文明生活は、何らかの生活形式を離れて、個人の社会的存在を認めることはできない。語を換えて説明すれば、個人が社会的に存在しているということは、その個人が、何らかの社会生活の一部に触れていること、すなわち、何らかの生活形式の一地位を占めていることである。そして、今日の文明生活は、社会的生活を離れて、一個人だけの孤独な生活は許されもしなければ、できもしない。したがって国家生活の総体より見れば、生活の単位となるものは、一個人ではなく、共同の目的、共同の利害、共同の習慣、共同の感情をもっている、諸般の地方的、業務的、階級的、および精神生活的な各種生活形式、すなわち各種生活体でなければならない。

したがって、自治生活の単位もまたこれらの各種生活形式、すなわち各種生活体でなければならないのは、言うまでもない。そして世界人類の平和は、この各種生活体の共同の目的、共同の利害、共同の習慣、共同の感情が世界的に純化し、向上し、進展するところに基礎づけられて、はじめてその目的が達せられるのである。

15　国家の基礎は自治の健全な発達にある

もし、国家と国民との関係を、有機体と細胞との関係に比べれば、国家生活の総体は、有機体の機能であり、各種生活体の働きは細胞の働きと同様である。すなわち、各種生活は、国家生活の一部機能であり、国家は生活体の機能の働きによって、はじめて国家の働きを全(まっと)うするのである。したがって、国家の健全な発達をさせようとするならば、国家生活の一部の機能である、各種生活体を健全に発展させなければならない。各種生活体を健全に発展させようとするならば、各種生活体に特有の、特殊な目的、特殊な利害、特殊な習慣、特殊な感情に順応した、生活様態、生活作用が行われなければならない。このような、生活様態、生活作用が行われるようにするには、各種の生活体の自治を助長させるよりほかに適当な方法はないではないか。だから、国家の健全な発達もまた、自治生活の健全な発達によらなければならないのは道理である。

16　自然の要求であり時代の要求である自治生活

このような各種生活様態・生活作用を、各々その特殊な事情に順応させるのは、生活作用を科学的にするということである。しかも、このようなとき、自治生活に頼るのでなければ、とうてい行われるものではないのである。特に、社会が進歩すればするほど、それに伴って、生活形式が、いよいよますます、複雑となり、多岐にわたり、人類生活の処理が、一層、科学的になり、合理的になり、実際的にならざるを得ず、加えて、国家の国際的活躍がますます繁くなる以上、人類生活の全姿態、全形式に対するわずか一部局に過ぎない地方行政の自治だけを認めるだけで、どうして健全な国家を発達させることが出来ようか。これはすなわち、人類生活の自然の要求としてだけでなく、時代の必然的要求として、自治第一義が必要であるゆえんである。

17　文明生活の唯一最上の形式

さらに、これを具体的に説明すれば、わたしのいわゆる自治第一義、自治中核主義は、国家的生活に直接関係し、かつ直接関係させねばならない種類以外のすべての国民生活を、一切、各生活体自身の自治機関に委ねなければならないと主張するのである。すなわち、国家の総合的生活に直接関係しない、諸般の国民生活の在りようを治めるのに、自治を中核とせよと提唱するのである。

これを細説すれば、国家の軍事、外交、司法、警察、および立法事業を始めとする国家的生活、その他、国家の国際的生活に関係し、あるいは関係させることを必要とする事項、国家の政策運営によらなければならない事項、国家の政策運営によって得策とする事項を除く以外の、諸般の地方的、業務的、階級的、および精神生活的な各種団体生活を、その生活体各自の自治に委ねなければならないと説くのである。

ただ、生活体各自の生活を、その自治に委ねなければならないと言うだけではない。さらに生活体各自の自治に委ねなければならない部分の生活を、各種生活体の自治的協力によって調和させ、統一し、総合して、しかも、それを国家の意思、国家の理想、国家の目的、国家の活力にとけあい融合させることをも、各種生活体の自治に委ねなければならないと言うのである。こうあってこそ、国家の生活も、個人の生活も、共々、よく調和、統一、総合されるのである。したがって自治生活は、文明生活の唯一最上の形式と言わなければならない。

18 今一歩を精神的に進め

もし、現在の社会における生活様態を、単にその形式上のみより瞥見(べっけん)すれば、わたしのこの主張は、決して急激な新規の説ではないのである。すなわち、現に各種生活の形式を通観すれば、その地方的なものには、市町村の自治団体がある。その業務的なものには、各種の同業組合、産業組合等がある。その階級的なものには、在郷軍人団、青年団等がある。その精神的なものには、各種の学術団体、教育団体、宗教団体等がある。

しかも、これらの各種生活体は、単に集合的形体があるだけで、わたしのいわゆる自治第一義の精神を備えていない。ただそれだけでなく、国民の文明的生活のすべての形式にわたって、その結合体をなしていないだけでなく、各種生活体の諸般の意思や要求を、各種生活体の自治的協力によって、調和させ統一し、総合し、これによって、国家の意思、理想、目的、活力とする準備もなければ、そのようなことに、思い及んでもいない。しかし、その実際上の必要に促されて、形式だけは、このようにすでにその一歩を進めているのである。したがって、今一歩を精神的に進めるのは、決して難事ではないのである。

19 国民の生活的要求

そこで、まだ団体的作用をしていない各種の生活体に向かっては、まずその団体的自覚を促し、これらの生活体およびその他の生活体に対し、自治第一義の精神を注入し、さらにこれらの生活体を一貫した組織としなければならない。そのうえで、国家の自治機能を緻密（ちみつ）にし、敏活にし、的確にして諸般の自治生活を国家国民の総生活の中核とするようにしなければならない。さらにその総生活を調和、統一、総合して、科学的、合理的、実際的にすることによって、国家国民の経済的発展、文化的発展を遂げさせることが、新時代の政治的要求であり、国民の生活的要求でなければならない。

20　人類社会の遠心力と求心力との調和

自治は、共助によって完全に行われなければならないものであるから、自治的精神は、また共助的精神として現われる。したがって、このように、国民生活の諸多の作用を、自治に委ねるにおいては、人類通有の利己的性情と社会的本能とより発する、遠心と求心との二大原動力も、自治的精神の自覚により、たとえば、一方に適者生存という冷やかな進化の理法が圧倒的に働く。同時に、他方には、人類の相思相愛という温かな宗教的信念が働く。このように、いつもどこでも、適当な綜合と分析との微妙な交互作用を生じて、人類の共同生活における集中と分裂との両機能を巧みに調和し、統一して、国家の有機的機能を益する意義があり、価値があり、生命あるものとすることができる。物質生活の行き詰まりは宗教的信仰にその通ずる道を求めるほかはなく、そして自治的精神を徹底すれば、ついに宗教的信念に到達するのである。

21　自治精神と生命力の無限発展

自治的精神は、また自主的精神である。そして、国民は常により高く、より完全な状態を求めて向上しようとしている無限活動の統一体でなければならない。しかも、自治的精神、自主的精神の伴わない無限活動は、常に危険を免れない。

これに反して、この無限活動が統一体であって自治的精神、自主的精神が旺盛であるならば、それが自己独特の大創造力となり、無限無窮に改造の努力を続けて行く大精神となり、したがってまた民族主義、国家主義の大観念となって、内にあっては国民生活の無限の緊張力、無窮の生命力となり、外に向かっては活き活きとした生々不死の発展力となるであろう。今の世は、概して自主的精神が乏しく、社会の各方面に、あるいは笑うべき、あるいは悲しむべき現象があるのは、自治的精神が欠けるためである。

22　人類の文明と自治的精神

このように、国家の生命発展の活動が自治によって強められ、深められ、広められるところに、国家の発展が、わたしのいわゆる生物学的原理、科学的原則に順応しつつ、善良に純化し、調和し、発達して行くのである。カントが人格というものを自由行動者★であるとし、ベルグソンが、「生命は絶えず新しい自己を創造しつつ進化して行く無限創造の力、無限発展の力である★★」と言ったのも、同じ道理である。このようにあってこそ、一個人の国民的運動も、三世過去・現在・未来に貫通し、内外に透徹する不朽不滅の努力であると言うことができるのである。もし、自治の精神が徹底してここに到達して国家生活と個人生活との調和が取れて行けば、人類の内部の要求と外部の生活との調和も取れて行く。常に国家国民の健全な生活が実現されるばかりでなく、ついには世界永遠の平和も、またこの精神によって保たれ、人類総体の健全な生活が実現されて、人類の文明は人類の自治的精神より咲き出でた花である、と言うことができるであろう。

以上説くのが、すなわち、自治の新精神であり、自治の真意義でなければならない。そしてこれがまた、わたしのいわゆる自治第一義、自治中核主義にほかならないのである。

★自由な人格をもつ自律的な人間の形づくる共同体の理想を内面的に掘り下げた『実践理批判』(一

七八八年）による。明治後期から大正時代に日本に移入された新カント派の影響である。
★★『創造的進化』（一九〇七年）による。宇宙の万象は緊張のもろもろの度合による多彩で多様な創造的進化の展開であり、緊張の極が「生命の飛躍」（エラン・ヴィタル）であるとする。

23　理想の現実化と自治的精神

人類生活の不断の努力は、単に衣食の事、生存の事だけを目的としているのではなく、各自その理想の実現を志しているところに、人類生活の尊さがある。この人類生活の不断の努力は、なによりも各種の自治生活を通してのみ、最も合理的に発現されるべきものである。そして、理想の極致は、真、善、美の三語によって表象される絶対普遍の荘厳世界でなければならない。このような理想境に到達するには、理想そのものを、特殊な、具体的な、実際的事情に同化させて、生命あるものとしなければならない。実際的事情を超越して理想を現実化できるはずがない。

このように理想を特殊な、具体的な、実際的事情に同化させるには、各種の理想を、自治生活の有機的作用の下において、各種の自治生活体に順応合致させるよりほかはない。そのようにすれば、人生を純化し、向上する、理想の実現という人類生活の不断の努力は、その個人的であれ民族的であれ、あるいはまた国家的であることを問わず、自治精神をふるいおこすことによって、はじめてその目的を達することができるのは、さらに説く必要もない。そして各種の自治生活に、理想の実現という目的を伴うことによって、人生はますます純化されるのである。

24 自治生活は自覚に満ちた生活である

およそ世に、自分を最もよく理解する者は自分自身よりほかにないから、社会生活に関する諸般の要求希望を、最も鋭敏に最も的確に自覚し理解するのは、各々、その生活の自治体でなければならない。したがって、彼らの生活を彼らの自治に委ねるのは、自分の生活を自分が支配し、自己の運命に対しては自己が責任を負うということになる。ゆえに、その政治的であれ、社会的であるとを問わず、もたらす善い結果は自己の功績として自治能力の奨励となり、その悪い結果にしても、自己の責任観念の刺激となり、また自治能力に対する励ましともなる。

したがって、その悪結果が何であるかを問わず、自治に委ねられた以上、自己の責任であるから不平不満を引き起こすことはなく、したがって、社会的不安不穏の原因ともならない。このようにして社会各般の生活は、すべて自覚に満ちた生活となる。

25 自治精神は民主思想を同化する

今や世界の大勢と見られつつある民主思想も、一種の見方より観察すれば、等しくこれは、自分の生活を自分が支配し、自己の運命に対しては自己が責任を負うという精神から芽生えていると言えるであろう。したがって、わが国においては、この自治第一義の精神を公共に広げ、各種自治生活の発達改善に力を用いたならば、外来の民主思想は、見事に内在の自治の新精神に同化され、いつのまにか、いわゆる民主思想は外来思想ではなくて、内生思想、否、各人固有の思想であると言われるようになるであろう。そうなれば、いわゆる民主思想というものは、わが国の一部の人士が憂(うれ)えるような、危険なものではなく、かえって、自治の新精神を養う材料ともなるであろう。したがって、民主思想を嫌う人々も、自治第一義の精神を拡充し、具現させることによって、その心中の不安を一掃することができるであろう。

27 自治的能力と普通選挙

我を失わない民であって初めて自治の力があり、自治の民であって初めて真正の自由がある。そして自治の力は、内に在っては相互幇助（ほうじょ）の精神となり、外に対しては協同一致の発展力となるから、すでにこの民は自治的能力が備わるものと認められ得る以上は、参政権も、断じて今日のような状態に止め置くべきではなく、一日も早く進んで普通選挙の程度にまで拡張すべきである。国民の参政権をこの程度まで拡張するのは、また国民の自治的能力を発展させることにもなる。

もし、このように自治精神が拡充されて、国政の上に実現されれば、それが真の民意代表の実際的政治であると同時に、道理にかなった科学的政治であると言わねばならない。このような政治は、たとえどのような形式によって現われるにせよ、それは実に、上から考え出して与えられた政治ではなく、下から生み出された政治であり、外から導かれた政治でなく、内から湧き出た政治であるから、内は人心の統一となり、外には国力の発展を期待できるであろう。

28 自治を離れて楽土はない

このように国家の政治が、諸般の自治生活と密接な接触を保ち、国民の心の底から出た要求や希望が、ただちに体現されるような、真剣な政治が行われるところに、何の国民的不平があろう。わたしが、従来、自治を離れてわれわれが生存できる楽土を見出すことはできない、という信念を持ってきた理由は、ここにある。

29 政党政治と自治生活

あるいは言おう、政党政治は、これはまた、自治の新精神に合致したものではないかと。まさに、政党政治は、ある意味においては、当然、自治の新精神に合致していないわけではない。しかしながら、政党政派というものは、国の政治上の事柄、すなわち、大日本帝国を全体から見て、こうしたらよかろう、ああしたら悪かろうという風に、各々、その観るところによって離合集散するのがその本体であって、自治生活がその本体になっていない。

したがって、各種自治生活体の総合意思は、ただちに国民の総意、あるいは輿論と言われるけれども、一政党の党議は、往々これがただちに輿論であると言えない原因もここにある。各種自治生活体およびその連合体は、各々、自己の自治的機能の下に、ただちに自己の生活を支配することによって、国家生活の一部を支配することができるが、政党政派は、自己の内閣が組織されなければ、その生存の目的とする国政の支配に、直接かかわることができない。

30 政党もまた一種の自治生活体である

また、今日までの政党政派および現在の政党政派は、余りに濃く党争的に彩られているから、広く人材を集めて、広く天下の知識を包容することができないが、各種自治生活体には、そのような弊が伴わないから、その生活上の必要に応じて広く自由に天下の人材を吸収し、知識を網羅することができる。

特に政党政派は、多数党でなければ、その生存の目的である国政支配の任にあたることができず、さらに、常に党争を事として、地方自治にまで、その弊を及ぼしている。

しかし、自治生活の新精神から言えば、政党政派もまた、自治生活体の一種として、自治総団の一員として、共通の利害を有し、自己を進歩発達させるには、自治総団の自治的機能の働きによらなければならない。そして、政党が自治的機能の下に作用するならば、その従来の弊害を矯正し、欠点を補充することができるのである。

31　国を治める方法の要は自治精神をふるいおこすことにあり

要するに、国を治める方法の要は、国民の精神的生活を豊富にし、充実させ、健全にすることがその第一であって、国民の物質的生活を豊かでやすらかにし、向上させ、改善することがその二である。そして、民心を統一し、国家が目指す目的に向かって、国民の全知、全能、全力を集中し、国家の進運が速やかで尽きず淀まないよう、国家的理想、国民的信条を樹立することがその三でなければならない。この第一、第二の目的を達する上において、自治が必要であることは、もはや繰返す必要はない。

この国家的理想、国民的信条というものも、それが国民の各種生活の痛切な経験から湧き出たものでなければ、これによって民心を鼓舞し、維持することができないのは、改めて言うまでもない。ここにおいて、わたしは、一にも自治第一義、二にも自治第一義、三にも自治第一義と、自治精神をふるいおこす必要を強説せざるを得ない。内にこのような自治精神のふるいおこしがあってこそ、外に国家の発展があって、国際的にも成功を遂げることができるのである。自治第一義、これは独りわたしだけが唱道すべき題目ではなく、現代生活の圧迫から漏れ出た共同的叫びでなければならない。

32 社会の総生活と自治機能の共同作用

わたしは以上に説いた見地について、先に発表した自治団綱領に、時代の進運に伴う、適当な改訂を加え、その目的を達するために、自治団および自治連合団を組織することについて、さらに広く天下の識者および同憂の諸君に向かって問う機会があるだろう。しかし、この自治団および自治連合団の組織によって、自治生活の新精神を鼓舞し、社会各方面の生活団体を、刺激し、学者、教育者、宗教家、実業家、芸術家、弁護士、マスコミ関係者、官吏、党人等々、あるいはまたその生活部面の何であるかを問わず、かりそめにも社会総生活の一隅に、何らかの生活を営むものは、この自治団および自治連合団の、有機的組織の一分子として、自治機能の下において、互いに相依り、相助けて生存することが、自己の精神生活と物質的生活を向上発展させるのに、甚大な効果があることを自覚せざるを得ないであろう。

たとえば、一個人が、その生活的立場として必要とする、幾多の精神的資源、物質的資源を社会に要求するとき、個人の力が及ばず、しかも国家の力を借りるには、余りにも縁遠い場合、自己の生活自治体の力を借りる必要を最も痛切に感じるであろう。要求は進歩の拍車である。どれだけ社会から超然としようと思っても、かりそめにも進歩性をもつものは、何らかの要求をもっていなければならないはずである。何らかの要求をもてば、ここにその要求を貫徹すべき最も手近な方法として、自治機能の共同作用に頼らなければならないことを自覚せざるを得ないであろう。

33 自治の極致（きょくち）は正義である

こうして、各種生活自治体が、互いに他の生活自治体とともに、同じ自治機能の共同作用の下に働くという生活、すなわち、一家族内にあって共通の生活利害を持つ同胞と視ることによって、相互間の同情と理解とを増し、互いに他の生活に対し、物質的精神的な社会的認識と尊敬と代価を払うことになるから、国家社会の統一と平和と発展とに必要な協同一致の精神が、限りなく助長されるであろう。

自治の機能がそのあたりの微妙な趣に達したならば、社会に理不尽な不公平もなければ、不平等もなく、したがって、不満もなければ、不平もなくなる。このようにして自治と正義とは合致し合体すべきものである。すなわち、自治の極致は正義である。古人は、「君子は本を務む　本立ちて道生ず★」と言っているが、これを社会生活の上から言えば、本を務めるとは、すなわち、自治のことであり、自治立って、そこに道が生ずるのである。

★『論語』学而篇より。この句に続いて、「孝悌なるものは、それ仁の本たるか」とあり、親子兄弟の親愛の情（孝悌）は仁という愛情の根底（本）にあるというのである。

34　国家社会政策と自治社会政策

当面、最も緊急であって重要な問題である社会政策も、元来が、国家の政策だけに属させるものではなく、その多くは自治の機能に委ねるのが適当である。それがそうでないところに、社会政策の必要がますます急となって、その実行がますます遅れる理由がある。もし社会政策の実行を自治生活の機能に任せれば、各種生活体相互の同情と理解とによって、各自の必死の生活的要求は、必ずや見過ごされず、塞がれ閉ざされないであろう。わたしは、諸般の社会政策は、これを国家の政策に委ねるよりも、自治の機能に任せるほうが、その効果が一層適切なものであると信ずるから、いわゆる国家社会政策というものに対して、自治社会政策が特に必要である理由を強説せざるを得ない。まさに起ころうとする、社会的危険を伴うきわめてむずかしい労働問題、特に資本家対労働者問題のようなものは、国家行政の力だけで解決できる問題であるとは、何人といえども信ずることができないだろう。このような問題は、自治機能の計り知れない優れた働きに促がされた、自治体相互の自覚から生ずる同情と理解との解決に頼るよりほかはないと信ずる。

35 自治社会政策と紳士税

自治社会政策の実行には、当然それは相当の資源を必要とする。その資源は、紳士税に依らなければならない。何を紳士税というのか。わたしの言う紳士税とは、物質的生活において余りある者は、その余りある物質的資源によって、社会に奉仕することである。また、精神的生活において余りある者は、その余りある精神的産物によって、社会に奉仕することである。社会奉仕とはその報酬を求めないところに在るのは言うまでもない。

富豪階級がその余りある物質的資源を吝(おし)んで容易に出さず、知識階級がその余りある精神的産物を報酬が伴わなければ発表しない。そうなれば、労働階級もまた、その余りある労力を吝むのである。もし、物質的精神的紳士税が、惜し気もなく払われれば、労力税もまた労働階級によって惜し気もなく払われるであろう。こうして、自治生活の総社会は、義務的観念、公共的精神、共同的意気のみちみちた、平和で気高い境地と化すであろう。

36　人類相互の同情と理解の鎔炉（ようろ）

以上説いてきたように、自治機能の共同作用は、実に、人類ならびに各種自治生活体相互の同情と理解の鎔炉である。しかも宇宙間にあって、人類の生存する限りの広い地上を、このような理想境とするには、自治生活の真意義に対する世界人類の共同理解が成り立つために、時の力をまたなければならない。そうではあるが、いたずらに手をこまねいて時の経過を待つのは、理想に忠実なゆえんではない。すでに自治共同生活の必要を自覚したわれわれとしては、事実上、自治共同生活の最もゆかしい模範を示し、自治共同生活の清らかさ美しさを世界の人心に、広く広く、深く深く染み込ませる努力をしなければならない。その一つの手段としては、自治共同生活の楽土の縮図ともいうべき、わたしが提唱するいわゆる自治会館の建設が必要であると信ずる。

37　自治共同生活の模範である自治会館

この自治会館には、講堂もあれば会議室もあり、研究室もあれば談話室もあり、休憩室もあれば黙想室もあり、各種の運動場もあれば各種の娯楽室もある。その他図書室はもちろんのこと、食堂、浴場、理髪所、雑貨売店も設けられるのである。すなわち、大袈裟に言えば、人類の各種職業生活に特殊に要求されるべきものを除く、人類生活の一般的に必要とする精神的物質的な必要条件を具備しておき、その食費、雑貨およびその他の対価を要するものは、もとより実費となるのである。そしてその階級その業態の何であるかを問わず、かりそめにも自治団員である者は、自由にこの会館に出入りして共に楽しみ、かつ各種自治生活体および自治連合団の会合や協議をすることができるのである。

特に、この会館の中にあっては、現代の実際生活における階級制を始めとし、その他一切の煩瑣な差別が撤去されて、人格と人格との交際、心と心との接触を目的とするのである。したがって、この会館内にあっては、単に物質的精神的な趣味嗜好が異なるという差別があるだけで、何らの障壁もなく、大礼服高官と印半纏庶民とが談笑すれば会食もする、軍服軍人と前垂掛商人とが、議論もすれば遊戯もするということにならねばならない。

38　物質生活の行き詰まりと空想の力

特にわたしが、最も多くを期待しているのは、各種階級、各種生活団体の人々が、一日の仕事を終えた夕方より、この会館に集まって、放論談笑の間に、各自の生活、各自の気分を、相互に理解し合うことである。このような間に、各種階級各種生活に対する特殊な理解もでき、したがって人類間の同情というものが、非常に広く、深く、強くならざるを得ない。こうして人類相互間の同情が灼熱に達する以上、いつどこでも、必ずや不思議な意思の疎通をもたらす活性作用を起こして、何ものをも融解せずにはおかないものとなる。

このようにして、自治会館というものは、人類ならびに各種自治体相互の同情と理解との鎔炉となるであろう。人はあるいは、わたしのこの考えを空想と思うかも知れない。しかしながら、諸君、現代の物質生活は、今や行き詰まりの極点に達し、このままで推移するならば、もはや壊頽か爆発のほかはない。悧巧ぶった人間の知力が、現代文明を維持するに足らなかったことは、欧州大戦の勃発によって証拠立てられた。そうであればこの上は、悧巧顔をする人間が空想とする、その空想の力を頼むよりほかにないではないか。そこで、現代生活の行き詰まりを疎通し改善して、社会の治平、人々の福祉を維持し、増進しようとするならば、もはや、大礼服と印半纏とが握手し、談笑し、会食するのを憚らないだけの、相互の勇気と、度量と、理解と、同情とが進展しなければならない。

39　この世ながらの倶会一処の浄土

時の流れは人々の眠っている間にも進み進んで止まない。この時の流れが堰かれ堰かれて氾濫しない前に、大礼服と印半纏とに、いかなる隔ての意識もなく、握手し、談笑する勇気と、度量と、理解と、同情が起こったならば、労働問題、特に資本家対労働者問題を始めとし、人類の知力が最難問題とする幾多の諸案件なども、人類の心と心の間にのみ相通う、同情と理解との力により、普通の事として解決されるはずだと信ずる。このような妙境がすなわち自治の生み出す楽土である。

仏教の言葉に倶会一処阿弥陀の浄土に往生して上善人と一処に会することということがある。

これは仏も衆生も倶に浄土に生まれ会うという意味であるが、我々は、仏陀の本願によって、浄土を後生あの世に求めないでも、自治の本願によって、この世ながらに倶会一処の浄土が拓かれるのである。

もし、以上に説く自治第一義の精神が、広く天下に容れられ、それによって公に報いるわずかな誠をいたすことができたならば、わたしの満足はこれに過ぎるものではない。

〔附〕1　自治団綱領草案および釈義

前　言

憲政が健全な自治生活の上に建立しなければならないことは、早くからわれわれが唱道してきたとおりだ。今、試みにわれわれの自治生活が果たして健全であるか否かを問う者があれば、そうだ健全であると確答する自信がないのは遺憾である。なかでも大都市においてそのように見える。大都市は実に超個人的文化の演舞場である。そして物質的に肥大した客観的文化肥大症（ヒペルアトロフィー）に罹り、かつ精神的に貧弱な個人的文化萎縮症（アトロフィー）に陥っていることから、われわれがいわゆる物質と精神とが分離した文明病を患っているのは瞭然としている。そしてその由来を尋ねると、一面は中央政界の党争が地方に及ぶという弊害から生じ、他の一面は差別を熟考することをしない地方人士ならびに青年の責任に帰せられると思われる。
わたしは健全な自治の発達を長年望んできたが、どのような手段方法によれば解決できるかについて苦慮した結果、以前から考えていた見解の要点を記録した別項の自治綱領草案とその草案各項目について解説する。これはわたしが同志とともに日頃研鑽(けんさん)したものの資料に他(ほか)ならないが、幸いにこれによって諸賢の教えを請うことができれば、私の本懐(ほんかい)に堪(た)えないところである。

大正五年

後藤新平.

自治団綱領草案

本団は純粋な自主結社であって、政党政派の類いではなく、専ら地方自治を盛んにすることに努め、国家の文化的および経済的発達の健全な基礎を立てることを目的とする。

本団は政党の存立および活動に反対するものではないが、正当でない手段または合法でない勢力により、政治的権力の偏りを来す正常でない状態を改善し、かつ党派的えこひいきや偏見により、地方の行政および経済を左右する弊害を絶ち、地方自治体にその各自の利益を中心とする自主的発達を遂げさせることを目的とする。

本団は左の諸項の主義に則り、それをもって本団の目的を達することとする。

（一）社会各階級の、政治的ならびに経済的利益の合理的調節を根本とし、その遂行を遂げること。

（二）最も公平に社会階級の福利を増進するように努力し、協和一致公共的精神を実現すること、ただし国家の総合的利益と矛盾衝突することのないことを前提とする。

（三）同一階級内に在って、各部属または団体間に利益の衝突があるときは、最も公明な方法によってその調和に務めること。

（四）以上の主旨に基き、常に関係法令の制定に注意し、農業は歴史的旧慣を尊重し、文明的施設によってこれを保護し、商工業は経済的国是に照らし、この撫育発達に務め、共になるべく自由活動の余地を与え、国家行政権は努めて干渉を避けさせ、自治啓蒙の途を講ずること。

（五）地方財政を整理し、国民各階級の負担の均衡を図り、民力の培養に努め、国家奉公の責務に関する自覚を切実にすること。

（六）農工商各階級にわたって、中産者および小作人、小営業者、手工業者その他各種の労働者の、国家社会における地位、性質およびこれに関係ある重要法令の内容意義を攻究明らかにし、資本家、地主、企業者等との間の相互の理解および融和を図ること。

（七）社会の各階級の代表者を国家および地方自治体の行政に関与させるという重大な責務を自覚させ、実行させること。

（八）青年子弟の教育訓練に関して注意を深くし、将来遺憾のないようにするよう、殊にわが国固有の倫理観念を涵養し、勤倹信実の気風を勁くし、義勇奉公の精神を盛んにするとともに、世界における国の地位を了解し、立憲国民としての責務に忠誠であるようにすること。

（九）各地の情況に順応し、天然、労力および資本の利用などについて、各般の研究を為し、鋭意、産業その他文化的および経済的な施設を講ずること。

一、本団は地方団および本部より成る。
一、地方自治団は全国市町村にわたり、各自治団ごとに政党政派の如何を問わず本団の主義に賛成する者がこれを組織し、自主結社とし、各自治団において本団の目的を遂行することを目的とする。
各地方団の経費は自弁とする。
一、自治団本部はこれを東京に置く。自治団本部は、何人であるかを問わず、本団の主義を理想とし、その目的の遂行に協力しようと欲する者が組織し自主結社とする。
自治団本部は本団の主義の研究および鼓吹に努め、地方自治団の成立および発達に協力し、併せて各地方自治団間の連絡に任ずる。
一、本団はその目的を達する一方法として、政党政派を問わず、本団の主義に相合う者が国会議員ならびに自治体機関として選出されることを援助する。
一、本団はその目的を達するため、財団を設け、かつ一定の会費を徴収して、その経費に充て、別に定めた常設機関によってその事務を執行する。

一、本団の主義を宣伝するため、広く各地に講演会を催し、通報機関を設け、印刷物を配布し、かつ在来の教育機関と適当な交渉連絡を保持し、もっぱら会員の教育訓練および団結に資すること。

一、各地の青年会で本団の主義に一致する者の協同協力を図る。

自治団綱領草案および釈義

本団は純粋な自主結社であって、政党政派の類いではなく、専ら地方自治を盛んにすることに努め、国家の文化的および経済的発達の健全な基礎を立てることを目的とする

国家全体の政治はもとより大切な事柄であるが、その基礎を形作るものは地方自治体の振興である。ここに自治体というのは広い意味であって、府県郡市町村の団体をいうだけでなく、農会、同業組合、産業組合等の公共団体より、青年団の類いにいたるまで、およそ各地にあって、その一郷一里の福利のために、各員が相集まって自ら自分たちの仕事を処理していこうとする団体を指すのである。そして健全な国家の立憲的発達は、この自治的な振興に頼るよりほかはないのである。

樹木に喩えれば、木全体は国家であって、その幹・枝葉は自治体である。木全体より見て、その木をどのように発達させようとするかは国政であるが、別に一本ずつの幹や枝ぶりを考究して、これを改良しようとするのは自治行政である。そして、前者のためには政党政派が存在するのに対して、後者のためにわが自治団を提唱しようと思うのである。両方共に大切な事であるが、一本ずつの幹や枝葉が、どちらも生命が充実していかなければ、決して真の樹木の発達は望まれない。ところが、この一本ずつを善くするには、一々何もかも国で世話を焼くのでは、なかなか行き届かないことが多い。どうしても各人の自奮自発にまたなければならない。すなわち、自分たちのことは自分たちで処理するという自助の精神を発揮しなければならない。ただ行政を巧妙に執行するというならば、官治といって政府の力で、町や村の行政まで全部引き受けた方が、俗にいう餅は餅屋で、かえってその方が便利であろうが、これでは何時まで経っても生命や力が吹き込まれない。枝や葉に張りがなくなって決して元気のある国家を構成することができなくなる。

そこで行政には素人臭いかも知れないが、普通の人が寄り合って、真面目に自分たちの事を自分でよく相談して取り扱うという仕組みを作り、ここに初めて適切に各人が国家に対する責務を尽くすようになり、公民としての訓練ができ、ひいては国家の基礎が固まるわけである。日本国中のいかなる地点を取って検べてみても、常に溌剌とした元気に満ち、各人がみな国家の一民であるという強い自覚の上に立って、道徳に産業に日常の生活に立派な頼もしい努力を尽くしつつある、という有様になってこそ、初めて興国の基礎が定まるのである。この事は官治や全体の国政だけでは充分に行き届かない。どうしても自治の精神を盛んにし、自治体の健全な活動を喚起しなければならない。もとより自治体は国家の下にあるもので、その結局の大目的は国家と同じ点に帰着するが、その出発点・経路などが前述のように、国家と異なる所があるから、国政の問題とは離れて各所各所で適当にその行政を処理して行かねばならない。したがって国政に関与することを専門の職分とする政党政派のお世話にならず、独自別個の考究をしなければならないのである。

ここに提唱する自治団の経営を進めるには、自治団の結社が最も適切である。国政の流派に偏（かたよ）らず、真面目な人が寄り合ってよく相談し、いかにしてよい学校を作り、いかにしてよい水を飲み、いかにしてよい米を沢山得るか、という事を他の干渉に頼らないで、お互いに関係者同志で相談して始末するという、いわゆる自主的な寄り合い、これがすなわち自治団の本領である。このような寄り合いが各地にでき、真面目に共同生活の改善に努力すること、これほど現在の急務はない。

本団は政党の存立および活動に反対するものではないが、正当でない手段または合法でない勢力により、政治的権力の偏りを来（きた）す正常でない状態を改善し、かつ党派的えこひいき偏見により、地方の行政および経済を左右する弊害を絶ち、地方自治体にその各自の利益を中心とする自主的発達を遂げさせることを目的とする

前に述べたように、われわれの自治団は、本来の性質が政党政派とは異なり、その活動する舞台も仕事も全く異なるのであるから、決して政党が悪いと言うものでもなければ、また政党がその受け持ちの真の目的である国全体の事柄について活動することに、とやかく言うのではない。ところがもし政党が当然の本分を忘れ、自己の権威を笠に不合理な干渉を自治体に試み、妄りに地方の利害問題を餌にして、政党のみの利を図ろうとするならば、その弊害は実に測り知れないものがある。今日でも、地方によっては、有力政党に加入しないからとの理由で、架けられるべき橋も架けられず、作られるべき道も作られず、暗涙にむせんで政党の横暴に屈している町村を見かける。このようなことは実に言語に絶した悪政党の悪影響であって、せっかく施かれた自治の制度は全くその精神を蹂躙されたわけである。

自治団は、このような横暴に対しては厳重な監視を遂げ、不偏不党の立脚地から、かりそめにもこのような弊害を少しも見逃す所があってはならない。また、かの選挙毎における投票の買収その他の弊風などは、これも政党の誤った活動によって受ける地方の大損害であって、どれだけこのために善良な民風が傷つけられるかわからない。かつ、このような不正手段によって選出された議員が、議会その他で政治上の勢力を占めるのは、これは真正な国民の意志を代表するものではない。無理な手段で作られた偽の生産物に過ぎない。

結局、政治を左右する権力が一種類一階級の人々にのみ限られることとなり、政治の中心が一方に片寄り、国家の大事を謬まる恐れを生ずる。

わが自治団は、社会各方面の利益を釣合いよく発達させようという主義であるから、このような悪風に対しては極力これを矯正することに努めねばならない。市町村の行政はもとより、農会や農工銀行や産業組合のようなものは、極めて質実に、ただ地方の福利を増進させるために、各員が何のわだかまりもなく、さっぱりと広く平かに共同して事を処理しなければならない。この中に党争を引き込み、あるいは一党一派の専断に任せるようなことがあってはならない。いったん政争をこれらの中に引き入れれば、あたかも作物に害虫が付いたように、ついに栄養不良となって枯死するほかはない。ゆえにわが自治団は、意を最もここに用い、自治体を擁護するために、このような機関を何時までも純粋無色澄明に置くよう努力したい。畏くも市制町村制発布の時の御勅語〔天皇のことば〕にも、「朕地方共同ノ利益ヲ発達セシメ衆庶臣民ノ幸福ヲ増進スルコトヲ欲シ隣保団結ノ旧慣ヲ尊重シテ益之ヲ拡張シ」と宣示せられている。その御趣旨を拝察すると、共同の利益が目的である。隣保の団結が必要である。また同じく発布の理由の中にも、「維新ノ後世務ヲ集攬シテ一ニ之ヲ中央ノ政府ニ統ベ……今即チ政府ノ事務ヲ地方ニ分在シ又人民ヲシテ之ニ参与セシメ以テ政府ノ煩雑ヲ省キ併セテ人民ノ本務ヲ尽サシメントスルニ在リ……人民ノ自治ノ責任ヲ分チ以テ専ラ地方ノ公益ヲ計ルノ心ヲ起スニ至ルヘシ……」とある。すなわち地方の公共事業共同利益は、聖上陛下が中央政府より分離して、有難くも人民が自分たちで談じ合い、責任をもって地方の公益を計る心を起こすようにとの尊い御命である。ところが我々はこれを他人の手に委ねて、その思うままにされては、誠に恐れ多くてなんとも相済まぬ次第ではないか。中央政府のきずなを脱して、新たに政党から支配されるという有様では、恩沢厚い聖旨にももとることとなるのである。地方のことはくれぐれもお互いの相談合いで極めなければならない。もとより法律命令の範囲内において、官の監督は受けなければならないが、それ以外、何者の干渉をも許すべきではない。まして他の不正な勢力のために撹乱されるにおいては当然である。

本団は左の諸項の主義に則り、それをもって本団の目的を達することとする

以上二項において述べた趣旨に基き、わが自治団では、以下順次に記述する主義方針を採って、それによって本来の目的を達することとする。

1 社会各階級の、政治的ならびに経済的利益の合理的調節を根本とし、その遂行を遂げること。

国家社会の内部には種々の階級がある。大別すれば農とか商、工とに分かれるが、その中についてもまた色々に細別して区分できる。社会が進歩すればするほど、社会階級も複雑となり多数となる。そしてこれらの幾多の階級には、またそれぞれにその特殊な利害を持っているから、ある階級の利益は他の階級の不利となることが無いとも限らない。たとえば、農民側はなるべく多く農民党を議会その他政治の枢要舞台に送り、自派の利益を擁護しようと企て、商工階級は都市代表者を少しでも政治界に多くして、自派に都合のよい政治が行われるように望むのである。また経済上より云えば、米価の高騰は農家に望ましいことだが、都市住民にとっては禁物となるように、各自その立場立場によって利益は同じでないものが多い。そして各階級が単に利益の分捕りのみを事とし、いわゆる上下そろって利を求めれば国が危うい、という状況を呈するようになり、真に由々しい大事である。

わが自治団はこれらの関係に充分な注意を払い、高所より達観し、真に国家社会の福利を増進させるためには、甲はこれだけの程度に留めなければならない、乙はこれこれの地位に在るべきだという、公平な合理的な調和方法を講じて、一階級の利益が他の階級の利益を阻害してまでも進むようなことが無いようにし、かつ各階級が調和しつつ全能力を充分に発揮できるように勧めたいのである。

2 最も公平に社会階級の福利を増進するように努力し、協和一致公共的精神を実現すること、ただし国家の総合的利益と矛盾衝突することのないことを前提とする。

右に述べたように、社会各階級が互いに他を凌ぎ、他の利益を侵して横行するようなことは、極力これを調節すべきであるが、同時に、わが自治団の特色として、前に述べたように、公平平等に互いにその領域本分を侵すことなく、相頼り相まって各階級を通じて、遍くその幸福利益を増加し進展して行くことに力を尽くす。各階級が相侵さないことを必要とするといって、そのために皆が萎縮し、ただ他の迷惑にならないようにと手も足も出ないようになることは、決してわれわれの理想ではない。共に進むのである。共に殖えるのである。あたかも根も幹も枝もが適当に栄養を配分して一様に釣合いよく発達して、健全な一樹が成長するように、各階級が調和を保ちつつ、しかも各自の福利を増進するのがわが自治団の目的である。他も進め、吾も進もう、というのが理想である。この調和的発達を遂げるためには、まず公共的精神が必要である。各階級間に公共的精神がなければならない。また、階級内にあっても各員がその団体のために心を同じにして協同し、私利を犠牲にして団体のために尽くすという精神を発揮しなければならない。ここで一言注意したい点は、特殊利益と国家全体の総合的利益とが、時としては矛盾衝突する場合が無いとも限らない。このような場合には、ある階級の特殊利益は犠牲にしなければならない。これは真にやむをえないことであるから、特殊利益の増進を計るのは、国家自体全局の上より見た利益と相反しない場合に限る。

3　同一階級内に在って、各部属または団体間に利益の衝突があるときは、最も公明な方

法によってその調和に努めること。

同じ農業階級といっても、その内には種々の類別があって、利害は必ずしも一致しない。田の多いところと畑の多いところとの経済関係は異なり、同じ工業者といっても、機械工業と手工業との利害関係は、場合によって全く相反する事が起こる。また同様の業態にあっても、地域を異にするに従って甲地の繁栄はかえって乙地の衰微となる場合もある。これをこのまま放置しておいては、常に無用の争議を多くして、社会の円満な発達を害する。その間に介在して、公正な立場から判断して、各自相互の折合いをつけ、全部の利害と一部の利害とを比較計量して、各々その所を得させるようにしたい。

4　以上の主旨に基き、常に関係法令の制定に注意し、農業は歴史的旧慣を尊重し、文明的施設によってこれを保護し、商工業は経済的国是（こくぜ）に照らし、この撫育（ぶいく）発達に努め、共になるべく自由活動の余地を与え、国家行政権は勉めて干渉を避けさせ、自治啓蒙の途を講ずること。

以上に述べた各事項は、いずれも国家の行政中の重要部分を占めるものである。したがって中央政府または地方庁において、発する法律命令がこれらに密接重要な関係を有するものが甚だ少なくない。そして往々世間においても議会においても、これら関係法規の内容を軽視する傾向があるのは誠に憂うべきである。そこでわが自治団においては、常に深甚の注意と研究とをこの方面に怠らず、各階級の利益を増進し、同時にその利害を調和すべき立法の途を講じ、必要と認める場合には進んで法令の制定改正を当局に建言し、またその釈義を当事者に明かにし、関係法規の趣旨徹底を図りたいのである。

農商工に関する立法の根本精神に関しては、立国の大策に関係するものが甚だ深く、その主義学説もまた一様ではない。しかし、農商工はいずれに偏し、いずれを重んずるというものではない。三者いずれも重んずるべきものであって、相互に均衡を得た発達を遂げて初めて国家富強となり得る。これは、今回の世界大戦に照らしても明らかである。そもそも農業はわが国古来の一大産業であって、わが国風の一部は農業に淵源すると言ってもよいくらいである。これによって伝えられる醇良な習慣は尊重するとともに、いたずらに保守退嬰に流れるのではなく、耕作上にまた農村経営上に、日進の学術技芸を充分に採り入れ、世運の発展に伴い、充分な国民の給養良兵の供給良俗の保存を完うしなければならない。

また商工業は国際的交通が極めて盛んになるに伴い、世界の競争場裡に立って、あくまでも積極的にわが運命を開拓するよう、充分な助長奨励を加えねばならない。こうして農業にせよ商工業にせよ、これを保護し奨励し手引きすることを怠ってはならない。また一面においては、なるべく農商工業者各階級において、各自それぞれにその経験と能力とを発揮して、充分に自由自在に活動できることが極めて必要である。自治は単に地方行政にのみあるのではない。農商工当事者の自治的精神が極めて必要である。大体において自分の力で運命を開拓することを本義とし、ただその通路における邪魔物で国の力によらねば除去できないものについて、初めて政府の力を借りるという風でありたい。ところが世の実業家は往々、これに反してまず何事も政府の力に依頼し、官権を借用して初めて発動するという風があるのは誠になげかわしい。したがって、政府も国家公益の目的上やむを得ない場合は特別で、一般にはなるべく当業者の活動に自由な余地を与え、余計な干渉をしないように注意すべきである。

5 地方財政を整理し、国民各階級の負担の均衡を図り、民力の培養に努め、国家奉公の責務に関する自覚を切実にすること。

国が必要な費用は、結局一般人民が負担しなければならない。一国の財政財務の良否が社会の各階級に極めて密接な関係を持っていることは言うまでもない。ゆえに財政の方針がその当を得ていなければ、人民は直ちに大変な迷惑を感ずる。また税務の場合も同様で、租税の賦課（ふか）や徴収の方法が緩さと厳しさが適当でなかったり、あるいは厳しく責めて取るような苛酷（かこく）に流れたり、あるいは手ぬかりや誤脱（ごだつ）に陥ったりするようでは、人民に意外な苦悩を感じさせざるを得ない。わが自治団においては、このような人民に直接大きな関係のある財政税務についてはよくよく注意して、その整頓を画策したい。そもそも納税が国民の重大義務であって、少しでも愛国の念がある者は喜んでその負担を受けるべきであるが、その負担は、各階級または各人に対する割当て歩合を、よほど慎重緻密に調査しないと、不公平に陥りやすく、怨嗟の声を招く基となる。たとえば農民階級には負担を重くして商業階級には軽いとか、また同じ商業階級中でも問屋業には軽くして小売業には重いとかがあってはならない。かつまた租税の種類についても、これを適当に整理して按配しないときは、結局社会階級中のあるものだけが重い税を負うことになる。

要するに、人民が国の費用を負担することについては、第一に、国の費用が有益な用途に使用されるかどうか、第二に、その取り立ての方法が甘いかどうか、第三に、その各階級への割当て歩合が公平であるかどうかを、充分に吟味しなければならない。わが自治団においては、これらの点を研究し、特に各階級に対する割当て歩合について、最も釣り合いのよいようにすることを専心務めるべきである。このようにして、できるだけ節約し、租税負担の苦痛を和らげることに意を用いれば、自然に民力休養の結果をもたらし、国民各階級に余力を生ずるのはもちろん、国民は義勇奉公の念に勇み立ち、なるほどと自ら喜んで国家のために貢献するのである。

6　農工商各階級にわたって、中産者および小作人、小営業者、手工業者その他各種の労働者の、国家社会における地位、性質およびこれに関係ある重要法令の内容意義を攻究明かにし、資本家、地主、企業者等との間の相互の理解および融和を図ること。

農工商各階級にわたり、社会組織の中堅ともなるべきものは何かと言えば、いわゆる中産者階級である。今日のように大仕掛けで、かつ複雑な社会組織に在って、識者が最も留意すべきは、この中産者の問題である。さらに進んで農業における小作人、商業における小商人、工業における手工業者ならびに各工場における労働者、これらは実に社会における一大要素を形作り、国民の能率品位等は、まさにこれらの階級が健全であるか否かにより、ある意味では社会の動力はここにあると言ってもいい。ゆえにわが自治団は、この大切な社会階級の国家における職分を充分に尊重し、これにいかなる地位を与えるべきか、いかなる保護を加え、いかなる方法で彼らを満足させ、安んじてその業に勉励させるべきか、またいかにして彼らの自覚を導き、向上発展の道に進ませるべきか、の点につき終始研究を怠らぬことにしたい。そしてそのためには、国の制度の上からもその利益を保護すべき、たとえば工場法とか産業組合法とか漁業法、鉱業法の類いから、各種の産業法規について、精細な研究をして、その制定改正等について適当な意見を樹立し、これを徹底させ、他の方面の努力と相まってこれら階級と、大資本家、大地主、企業家等の階級との間に円満な協調を実現させたいのである。

一部の論者の言うような、これら中産階級・労働者階級等は必然的に大資本家、大地主等の階級と争闘すべき運命のものではなく、これら各階級者の自制と行政の善導と相まつ結果は、相互持ち持たれつの関係であることはすこぶる明白である。地主、資本家は強いがゆえに決して弱者を凌(しの)ぐべきではなく、また労働者・小作人はその数をたのんで少数者を攻撃するべきではなく、自然のままに、各自天賦(てんぷ)の職分を尽くし、各々その特色を発揮し、互いに相敬し相和し、適当な満足を得て、社会国家のために相携えて進歩向上の途に就くべきである。また就くことができると信ずる。

近頃、しきりに小地主・小商人・小作人のようないわゆる中産階級者の疲弊(ひへい)を説くものがあるが、近頃の社会状態から推して考えると、あるいはいくらかその傾きが無いとも限らない。果たしてそうならば、なおざりにしてはおけない事柄である。結局、これらの階級の団結力、自治力、自衛力が足らない結果であると思われる。したがってわが自治団の仕事としては、社会国家の中堅であるこれらの階級の保護教育という事に注意を払わねばならない。しかもこれは決して至難な事ではなく、彼らの多数が自治団の主義に則(のっと)りその趣旨を体して奮励すればその目的を達することができる。

前項に述べたとおり、日頃充分に地主、資本家、企業主等と小作人、労働者、使用人等との間の融和協同を計るべきであるが、なおそれでも不幸にしてこの両者間に利害の衝突が起こったような場合には、自治団では双方の言い分を聴き、両方の利害をよく考え深く考慮し、その仲裁者として公平に判断して双方譲るべきは譲り、忍ぶべきは忍んでもらい、円満に事を運ぶように尽力するのである。

7　青年子弟の教育訓練に関して注意を深くし、将来遺憾のないようにするよう、殊にわが国固有の倫理観念を涵養（かんよう）し、勤倹信実の気風を勁（つよ）くし、義勇奉公の精神を盛んにするとともに、世界における国の地位を了解し、立憲国民としての責務に忠誠であるようにすること。

国家を見ようとすれば、その青年を見よ。青年は実に国家の華であり、国家の将来を支配するものである。したがって青年子弟の教育訓練については、充分な努力をし、将来国際競争がますます激甚となる時に際し、よくわが日本を背負って立ち、立派に国運の隆盛を達成できるような素養を与えておかねばならない。これについては、わが民族の誇りである大和魂を涵養すべきはもちろん、至誠を旨とする真面目な人生観を作りたいものである。近来青年の間にともすると人生を軽く弄（もてあそ）ぶ風が起こり、軽佻浮薄（けいちょうふはく）、義務を嘲（あざけ）って快楽を追うという傾向が生じたのは誠に国家の深憂である。わが自治団における青年は、願わくば、堅実な信念の基礎に立ち、勤倹忠実その義務を果たし、殊に義勇公に奉ずるという雄心を養い、国のために奮って起つという熱情を盛んにしたい。なおまたわが日本国がこの世界の大戦に際して、またその戦後の多事の時に当たり、世界列強の間に伍していかなる地位を占め、いかなる役目を演ずるべきかについて、充分な了解を青年に与えることは、青年の自覚を促す上において極めて肝要の事と信ずる。

私は最後に一言しておきたいのは、責務の観念である。一体、自治の根本観念は責務にあると言ってもいいのである。ゆえにわが自治団において青年教育上、特に重きを置きたいのは、この責務の観念である。人生の真の目的は受けることではない。献げることにある。全力を尽くして天分を完うして、たとえその努力が少しも世に認められず、空しく縁の下の力持ちとなって終わっても、安んじて喜んで公事のために働く、という信念を得たいものである。このようにして内には確固不抜の精神を具えさせ、外は広く世界に対するわが国民の任務の重大であることを悟らせ、奮って公事のためにその責を尽くし、立憲国民として愛国の本義を完うさせたいのである。

8　各地の情況に順応し、天然、労力および資本の利用などについて、各般の研究を為し、

鋭意、産業その他文化的および経済的な施設を講ずること。

以上一般的にわが自治団の主義について述べたが、ここに今一つ付け加えて述べたいことがある。それは地方によってはその地理上の関係または特殊な産物等について、常に専門家および経験家の研究意見を聞き、これを利用することに心を用い、また資本や労力の具合を巧みに運用することである。たとえば水利を用いるとか、従前その地方においてまだ多く利用されていない産物の新たな販路や、利用方法などを案出し、あるいは従来よりもより以上に有益に使用するとか、または労力が余っている所には新たに適当な仕事を見出すとか、資本の足らない地方には、これを補う道を講ずるとか、その他、地方の情況に応じて、種々の工夫を考え、現代の文明知識を利用して出来る限りの方法を尽くして、個人経済の発達を計る手引きをし、さらに場合によっては、共同的設備を為すなどの事業も、各地方自治団の力をもってこれを行うようにしたい。

以上の解説によってわが自治団の目的や、主義や、抱負などは概(おおむ)ね説いたつもりであるから、以下にわが自治団の組織およびその仕事の大体について述べようと思う。

一、本団は地方団および本部より成る。

まず第一に自治団は**地方自治団**と**自治団本部**との二つに大別するつもりである。

一、地方自治団は全国市町村にわたり、各自治団毎に政党政派の如何を問わず本団の主義に賛成する者がこれを組織し、自主結社とし、各自治団において本団の目的を遂行することを目的とする。

各地方団の経費は自弁とする。

前にも述べた通り、わが自治団の大眼目・大主旨は一本一本の根枝より発達させて、結局大樹全体を円満に発育成長させるので、地方自治団の健全な発生および活動に期待することが多大である。そして今日わが国の社会組織においては、公共的団体的活動の単位である主体はどうしても市町村であるから、わが地方自治団もまたこれを基本として広く全国にわたって、市、町、村毎にあまねく各自治団を続々と発生させたいのである。そこでこの自治団に加盟して働いてもらう人は、その市町村内の人であれば、もちろん政党政派の如何を問わず少しも選り好みをしない。これはわが自治団の性質として当然のことである。決して人嫌いをするようなことはなく、差別せず一様に仁愛を施し、かりそめにもその市町村に居住し、その郷土を愛し、その繁栄を望む者ならば広く歓迎するのである。

また政治家でなくても学者でなくても、士農工商いずれの階級、いずれの職業に属そうとも、もとより一向に差支えない。なるべく各種の階級の人々の集まることが、わが自治団の本質として最も希望するところである。このようにしてこそ、その本来の目的に適うのである。この地方自治団が自主結社であることは、前に述べた意味合いのものであるから、その市なり町村なりの万端の事柄は、総てわが自治団の主義目的に従って、一同相寄り相会し各々相談づくで都合よく処理して行こうというのである。

この地方自治団において、何か仕事をするについて、もしも費用を要することがあれば、これはまた自治の本旨に基いて銘々持ち寄り自分の賄(まかな)いによって事を弁ずる。

一、自治団本部はこれを東京に置く。
自治団本部は本団の主義の研究および鼓吹に努め、地方自治団の成立および発達に協力し、併せて各地方自治団間の連絡に任ずる。

地方自治団のことは右に述べた通りであって、わが自治団の本旨としては地方が源なのである。しかしながら社会国家の事柄には広く全国に通じて相呼応して行わなければならないこと、またこのようにしなければ効果の挙がらない仕事もあれば、また各自治団間の連絡調和ということも自然に必要を感ずる場合もあるので、ここに一つの本部というのを設ける、これは首都である東京に置くのが最も便利である。

本部は右のごとく単にその所在地だけのことをするのではなく、一般に全国に行きわたるべき活動の機関となるのであるが、これを組織する人はどこに居住する人でも構わない。また官吏であろうと政党員であろうと学者であろうと、いかなる人であることを問わない。かりそめにもわが自治団の主義に賛成する人ならば、それで結構なのである。本部もまた一つの自主結社であって、もとより政党政派の類でないことは言うまでもない。

さてこの本部の仕事は何であるかを手短に掴んで言えば、わが自治団の主義の研究に努め、なお時勢の進運に伴って新たに気づいたこと、必要を生じた場合にはその実行方法を計画すること、また時弊の匡正（きょうせい）すべきものを発見した時はそれを防ぎ除く方法を考えること、常に社会階級の福利増進のために調査研鑽に努め、わが自治団の主義の鼓吹伝播に骨を折り、全国各地津々浦々に続々と自治団が成り立ち、しかもその総てが健全に発達して行くことに尽力し、全国各地の自治団間の連絡を取って行く。

ちなみに本部成立までは、自治団通信事務所を置き、諸般の準備事務を行わせるつもりである。

一、本団はその目的を達するため、財団を設け、かつ一定の会費を徴収して、その経費に充て、別に定めた常設機関によってその事務を執行する。

自治団は本部と地方とを問わず、その活動を為し目的主義を遂行するためには若干の経費を要するが、その財源は、これまた自治という本義に基いて、本団の主義に賛成する者の寄付金と会費とに待つよりほかはない。またこのようにすべきなのが当然であって、他より出処を求める等のことはすべきではない。要するに手銭手弁当で総て質素倹約に着実に仕事を進めたいのである。しかしながら金銭のことは曖昧に流れ易く、他の誤解を生ずるおそれがあるので、出来るならば財団を設けてこれを整理したい。そしてまた常に調査研究を怠らないために、適当な常設機関すなわち役員を置き、団の常務の任に当たらせるとするのである。

一、本団の主義を宣伝するため、広く各地に講演会を催し、通報機関を設け、印刷物を配布し、かつ在来の教育機関と適当な交渉連絡を保持し、もっぱら会員の教育訓練および団結に資すること。

各地青年会で本団の主義に一致するものの協同協力を図ること。

わが自治団の主義を天下に宣布し伝播するためには、広く全国各地に必要に応じ、地方自治団ならびに本部ともに自治思想の養成、産業経済等各方面にわたるいわゆる社会教育の講演会を催し、また団員相互はもちろん各地方自治団間または本部との間における諸般の事項に関する通信報知が円滑敏速に行われる仕掛けをつくって、意思の疎通を計り、また各団において調査研究した事項は、時々印刷に付してこれを配布し、かつ各所に現存する学校、教育会、研究会等と適当に交渉し、団員の教育訓練および団結を謀るのである。まさにわが自治団の主義は、何事もすべて自発的開発的を旨とするのであるから、口に筆に教育に練習に団員の覚悟と信念とを固めることを必要とするからである。さてこうして団員各個人の訓練が出来上がった以上、一団となって事に当たるということが最も必要となるのであるから、いわゆる団結の強固を計るのに全力を傾けるべきである。

右のような次第であるから、各地に在る青年会、青年団のごときには、わが自治団は大いにこれと協心協力して、国家社会のために尽くすべきである。

一、本団は各地方自治団の成立に伴い、本団の主義目的に関する質疑に応じて解答を為す機関を設けて、かつ追って雑誌を発行し、各地方有志の便宜および希望に副うことに努めること。

わが自治団においては、今後次第々々に各地において地方自治団が発生し、団員の数も多くなるゆえに、団員その他の人々より本団の主義や目的やその他の事に関する質問を喜んで受け、出来るだけ懇切な解答を与えて、本団の意のある所を説明し、追っては機関雑誌を発行して全国各地の有志者に対しあらゆる便宜を与え、またその希望に副いたいのである。

大正二（一九一三）年秋日

男爵　後藤新平　識

〔附〕2　一九〇九年設立　ドイツ・ハンザ同盟大要

総論

建国以来、わがドイツの発展は実に驚くべきものがあるが、しかも内部における紛争、内訌（内乱）、不平にいたっては、ますます甚だしさを加え、今やその弊に堪えられなくなっている。おもうに事がここに至ったのは、社会的および政治的な権力の配分が、国民経済の発達の実際的推移に相伴わないためであって、既定の形式と現今の内容との間に存する齟齬より来たものである。今や政治的に優勢を占めているのは、大地主階級および旧い官僚閥を中心とする一団であって、これに関係ない者はみな片隅に屏息（息をころしてじっと）している状況である。そして政治的優勢が必然的にもたらすものは、また経済的優勢であって、立法のかなめを掌握するものは勢い国家の力を駆って、自家の物質的利益を増進させることを計る。このような権力の利用濫用は、国家社会を念うという大理想が制御をしない限り、人情の弱点、まことにやむを得ない所である。

帝国建設の基礎が強固となり、国威がようやく四囲に輝くにしたがい、内部において経済的利害の争闘が激甚の度を増し、いわゆる階級闘争の辛辣さは前代にその比を見ない。まず第一に無思慮な利益代表を主張し、他の階級の既存の利益を攻撃破壊しようとして止まないものは労働者団体である。これらの先導者は学理として杜撰孟浪な思想を一体系の下にまとめて、しきりにこれを鼓吹し、国家の平安を撹乱しようとしたが、最初のドイツ皇帝および最初の宰相はよくこれと応戦し、社会政策的立法を実施して一般民衆の生活を保護し、囂々たる不平が正当な根拠のないものとするのに努力した。

ところが、十九世紀の最後におよんで、農業階級がにわかに起こり立ってきて、その自己の利益を主張するのに、大胆にして利己的な、かの労働者階級と異なるところがなく、しきりに我田引水の説によって、他の階級の利益に反撃を加えることを図ったが、政府ならびに議会に少なからざる勢力を占め、最近の経済財政政策は、みな農業的臭みを帯びないものはない。殊に酷しさを極めたのは、一九〇九年の財政改革における頗る農業に偏った立法である。所有と能力とに応じて徴収すべき租税の原則に反して、課税の重点を通商工業、殊に中等階級に置いて、農業は当然の賦課から脱せしめようと事を図った。相続税法案が否決されたのもこのためである。そしてこの横暴な新税は、少なからず国民の憤激を買い、中には従来農業党に籍を列していた人も、この挙に憤激してかえって反対党に身を投ずるようになった事さえある。

この時に当たって、この横暴不公平な農業政策を打破するために、わがハンザ同盟は生まれ出でたのである（一九〇九年六月十二日）。その組織は工業商業の代表者から成り、あえて一階級の利益を代表せず、否、一階級にのみ特殊な利益を与える総ての立法政策を排し、一切の営業階級に均等な注意と適当な保証を与え、その間に何らの親疎の別を無くし、それによって社会の一部に蔓延（まんえん）する不平を除去し、万人をして公衆の福利のために、喜んで共同させる事を期するものである。このハンザ同盟設立の趣旨がいかに時代の要求に投合したかは、その主義の伝播の速力に徴（ちょう）して明らかで、同盟設立後一週間もたたないうちに、この思想は全国に波及し、今や七百の地方支部千五百の幹事を有し、二十五万人以上の会員を見るに至った。

消極的破壊は、ハンザ同盟の能事ではない。その目的は実に国利民福の増進を目的とする共同働作に存する。ゆえにまず国民を教育して公事に関与する素養を作らせる事を期し、講演刊行などの方法によって政治経済の知識を世上に普及する事を図り、次に農工一切の共同利益を維持する範囲において、各加入職業団体個々の実際利害問題を促進しようとする。

この問題に対して幾多の敵があるだろうとはもとより期するところである。中でもわが同盟に対して最も悪声を放ってやまないものは保守党であって、彼らはこの同盟が大資本家の爪牙、自由左党の武器、社会民主党の加担者であるとし、国家を紊すものとして攻撃しないものはなく、その他社会党を初め種々の党より嘲罵を蒙った。しかしながら事実は何よりの弁護者である。過去二年の歴史は、この同盟がいかに不偏不党を信ずるところに忠であって、少しも党派的政略の弊に陥らなかったかを証するに足ろう。

この同盟はあえて農業の繁栄を願わないことはない。農業以外の階級および消費者にも公平な利益を与え、その利益と調和する範囲内においてならば、保護も関税も決して否定するものではなく、ただ法外な保護をこれにだけ独占させ、他の階級の利益を無視するに至っては、この同盟は断乎として反対せざるを得ないのである。社会政策についてもまたそうである。被雇者、労働者の保護もまた一方的ではなく同時に商工企業者の位置、その外国に対する競争能力などを顧慮した上ならば大いに賛成を惜しまないであろう。要するに、使用者、被使用者相互の利益を通観して、両者共同の福利を期する意にほかならないのである。

このようにして一勢力が生まれ出た。この勢力を発展させつづけ、ついに同盟が新時代の一大先覚者となるようにするのは、実にドイツ実業的公民全部の職責であって、単にこれによって彼ら自身を益するのみならず、またもって祖国に貢献することになろう。

ハンザ同盟(ブンド)政綱

一九〇九年十月四日、総理ならびに理事の全員一致をもって決議されたハンザ同盟の政綱は左のようなものである。

第一、ハンザ同盟は、国家繁栄の要訣(ようけつ)はすべての営業に同等の権利待遇を与えることに在ると確信し、これをもって経済政策の根本原則であると思惟する。したがって、

一、農工商が立法行政政治の上において、同等の待遇を受けるべきこと。

二、商工階級に当然帰属すべき利益に関し、ただに法令のみならず、その実行方面において注意を怠らないこと。

三、国家の経済的発展ならびに外国との国交上、大害ある偏農的政策の不健全な影響を一掃することに努めることとする。

第二、如上の原則を実行しようとするため、ハンザ同盟は次の方針によって行動する。

一、一部分の営業的利益を後にし、国家的利益を先にする(両者に衝突がある場合)。

二、工業商業の一般利益を代表し、これを促進しその妨害を防ぐ。

三、政党、宗派の別なく、わが同盟の主義をもって理想となす者は、みなわが党の人と

なることが出来る。

四、このゆえにわが同盟は政党ではなく、経済的結社である。ゆえにわが同盟は政党の敵味方を問わず、同心の士と交わり、何党派を問わず、わが大原則に賛し、これを議会に実現しようとの証言を与える者に対しては、選挙上の援助を吝(おし)まないだろう。

第三、各論としてのわが主張は左のようなものである。

一、国家政治において

（イ）一部の営業にのみ、殊種の利益を与えるのに反対する（これが一般公益上、必要かつ当然の場合は格別）。

（ロ）公益上必要な場合のほか、なるべく商工業に自由活動の余地を与え、国家行政権の無用の干渉を避けること。

（ハ）国家の官職を授けるには、宜しくその人の適否いかん、能力資格いかんに深く意を用いるべきこと。

（ニ）行政機関の整理簡潔を図ること、官吏を一層実際的に教養すること、教育の改正、商工業者の立法行政に関与する度を今より一層高めること、立法行政に対し商業政策上あるいは関税租税水路に関する件、営業免許に関する点等について予め商工業者の希望する事を一層尊重すべきこと。

（ホ）地方自治行政の独立不羈を図ること。

二、財政政策においては各営業均等に負担を頒ち、個人に対しても、各自その所有および負担能力に応じて公平に課税されるべく、したがって先の財政改革における税法のごときは、これを廃止して精確な財産税を施行するべきこと。

三、交通政策においては、海陸の交通路を改善し、鉄道賃銭郵便電信料を適当に低減すべきこと。

四、商工政策においては、

（イ）農商工に対し公平な見解をもって通商条約を締結すべきこと。同盟はこのような条約締結前には、同盟連合の各営業団体をまとめて質問書を提出すべし。

（ロ）今後人口増加の趨勢に適応すべきもので、しかも一般経済上重大な関係のある輸出政策に対し、これを阻害するような措置を断然廃止すること。

（ハ）小中営業者小売商手工業者の利益を保護し、将来彼らに子弟の教養営業資料の廉価獲得等の便宜を与える方法を講ずること。

五、社会政策においては、雇用主および使用人双方の利益をよく考察し、ドイツ工業の世界市場における競争力および内地における経済的位置に鑑みて、その内容および費用負担を定め、よく労働の将来の安固を得させるような、官僚的でない社会政策的立法を企図すること。

しかしながらハンザ同盟は、各営業階級に均等の機会を与えることを主張するものであるから、その社会政策的問題に在っても、同盟内の各営業団体およびその所属者の主張相互に衝突を来すような行動はこれを避け、勢い局外中立を守らざるを得ず、すなわち、大営業者と小営業者との主張、雇用主と使用人との主張、互いに相異なる時のような場合である。わが同盟は商工業一般の利益を代表するものであるから、社会政策問題において特に一部階級の主張のみ代表することは、これを他の団体に委ねざるを得ない。

これに反して、各自の経済的利害の相違を緩和し、これを出来る限り調停させるような仕事に関しては、ハンザ同盟はそのいかなる方面の問題たるを問わず、(たとえ社会政策的問題であっても)極力そのために尽力を惜しまない。

第四、ハンザ同盟は左の事項を努めることをもって自己の業務とする。

一、商工業殊に中産営業者および手工業者の国家社会における意義、彼らの目的ならびに彼らの重大関係ある立法の内容性質を、あまねくすべての階級に闡明すること。

二、実業者に、国家および自治行政に自ら関与することが重大な自己の責務であることを覚知させること。その目的を達するために、政治経済の概念を青年に周知させる方法を採ること。

三、外国在住の同胞と母国との連結を一層強固にさせること。この目的を達するため一八六七年の領事法および一八七〇年の国籍獲得および喪失に関する法律の改正を図ること。

第五、ハンザ同盟は内国在住の会員のためにはベルリンの本部に、そして外国在住会員のためにはハンブルグの外国部に、各々通報機関を設置し、所属の個人団体のために実業上の事項について通知させるべし。

組織および宣伝

人はしきりに言う。現代は組織の世であると。いかにも合同作用は社会万般の方面に滔々たる大勢をなし、組織的会合の種類は驚くべき多数にのぼる。これは現今の通勢である。そして組織の主な目的は外部に対して一の勢力となるに存し、そして多くの場合において組織の活動力を定める要素は、会員の訓練ならびに団結力である。常に応戦の準備ある戦闘であるためには、よく会員を啓発し自己団体の進路、対敵者放撃の要点ならびにその防御方法に関して、遺憾なく明解にさせておかねばならない。ここにおいて組織の首領たるものの義務は会員集合のあらゆる機会を利用し、会員の思うところを腹蔵なく吐露させ、非難批評のごときも、忌憚なくこれを発表させることにある。かくて異説の交換を得て意志も疎通し、見解の明瞭にも到達することができる。

それではいかなる方法によって、如上の要領を得て、強健な組織を作ることができるか。この問いに対する答えは、やがてわがハンザ同盟組織に対する解決となるべきものである。

ハンザ同盟の組織

われわれは各都市に地方団を設け、ここに一人の団長を置き、若干の幹事がこれを補佐する、そして数市の団が相連なって、さらに地方連合会を作る。会員の数がまだ地方団を形成するに足らない地には、一人の幹事に同盟の事務に当たらせる。

同盟内の各種団体の代表機関としては、ハンザ同盟代議員会があり、四百人以上の代議員より成る。この代議員会からさらに理事機関（少なくとも二十人より成る）を選ぶ。理事機関は実際上の同盟の首脳であって、外部に対して同盟を代表し、内部に対し規律節制の責に任ずる。そして最高に総理機関があり、三人の総理および三人の副総理より成る。

次に地方制度について一言しよう。おもうに一地方団の会員が増加して多数にのぼり、理事自らこの統率をなすのに困難なほどの数に至ったならば、宜しくこれをさらに小区分すべきである。すなわち一地方団に千人以上の会員がある時は、さらにその内に部会を作ることができる。そしてその部会にも理事を置き、この理事は兼ねて地方団の理事となるという仕組みとすべし。要するに同盟のことに趣味を感じている人士をなるべく働かせるようにすることが必要であって、これらの人士を働かせるには、たとえ小団体であっても、その長として任務を取らせることが最も便とするからである。

幹事もなるべく多数に、かつ団内の各種営業を網羅して、漏れなく各自を代表させるべきである。このようにすれば各種の人々の意向も知れ、かつ同盟の趣旨の伝達および統制にも都合がよいであろう。

集会（集会の準備）

地方団の活気が旺盛であって如上の統率団結がよく行われつつあるか否かはその集会が盛大か否かによって判ずることができる。

集会には準備を要する。準備は理事においてこれを行う。準備の任に当たるものには、なるべく一切を委任し、窮屈な拘束を加えてはならない。まず日を定め（演説者の都合を聞き合わせ）適当な場所を取りきめ、そして会員を招待する。招待の発送は、会の前五、六日をもって、遅からず早からず最も適当な期間とする。一層念を入れるにはまず開会八日前に招待状を発しておき、いよいよ当日の前日に今一度ハガキで「今日」開会の旨を確かめておく文言を認め、当日の朝到着するように投函することにする。個人の招待のほか、開会の次第を新聞紙上に披露するのもよい。これも広告よりは雑報に記載させるのが一層有効である。貼札は処によって禁じられることがある。

理事はまず演説者のために卓子を備えるべし。開会は定刻を遅延しないように心掛け、遅くとも十五分を過ぎてはならない。これは一つに公衆に時間厳守の習慣を教育する上においても必要である。

開会の辞は会長が述べ、出席者に挨拶の後、演説者を聴衆に紹介する。演説の妙所に喝采をなすことは演説に気勢を与えるものである。

演説が終了した時は、会長は聴衆の中にまだ同盟に加入していない人々に対して熱心に加入を勧誘するべきである。演説と次の討論との間には、五分間の休憩時間を置くことが必要であるが、この休憩を利用して入会書用紙を配布し、出席者に入会を勧誘すべきである。このことを行わないために、せっかく会を催しても、惜しいことに得るべき会員を失うことがある。

討論

休憩後、会長は、討論を宣する。討論題の選択は甚だ微妙な問題であって、幹部が大いに意を用いるべき所である。

理事者側の一人に予め委託して討論の口火を切らせることがよい。一度口火を切れば後には滔々として甲論乙駁を生ずるだろう。会長は討論が論題外に走らないように注意し、論題外に奔った時は相当な干渉をなすことを要する。論者の通告が断えた時は、会長は討論終結を宣して最後に演説者に結論を与え、その後さらに演説者ならびに来会者一同に、来会の労を謝して会を閉じるべし。

会の終了をもって理事の責任は尽きたとせず、さらに当夜の演説の次第を一般に周知させるために要領を記述してこれを、

新聞紙上

に載せなければならない。用意周到な司会はこのような会合には必ず新聞記者を招待し、また演説者に乞い、新聞に掲載すべきその演説の要領を作製させる。これは演説者自身こそ最もよくその述べようとする所の要領を知っているからである。

新聞の擁護を得ておくことは、地方団にとって頗る必要である。この目的のために、記者に親しくハンザ同盟の一般的綱領を打ち明け、その地方団としてその土地特有の状勢に関する態度等を示しておくことを要する。

ハンザ同盟の新聞部は、同盟の活動および時事問題に対する態度を、主要な大新聞に通報することを怠らない。ゆえに地方団としては願わくば、その理事者に直接通知があった中央

部の通牒事項を、その土地の新聞に転載させるようにしたいものである。このようにすれば、未だ『ハンザ同盟週報』を購読しないわが会員にも、同盟の動静を知らせるのに都合がよいであろう。

会費徴収

団体の活動を図ろうと欲せば、まずその財政を強固にしなければならない。ゆえに会員たるものは、その分に応じて本同盟のために醵金しなければならず、ただ一年に三マルクの会費を払えば足りる、と考えるようなことは大きな誤謬である。これは単に最低限を定めたに過ぎないのであるから、宜しく各自その財力に応じて、絶えずわが同盟のために寄付する覚悟を有するべきである。

また雑誌『ハンザ同盟週報』の購読を勧める

蒔かぬ種子は生えぬ。加盟商工業者であって、もしかの労働者が自己の団体のために、犠牲を辞さぬ覚悟をもって、わが同盟に貢献する所があれば、我らの目的である商工業同待遇を実現することは決して難しくない。

雄弁家の輩出を望む

近世の武器は舌にあり演説にある。ゆえにわが同盟は雄弁家の養成に重きを置く。ハンザ同盟の主義を公開の席に演述することに関して、各員の奮励をまつや切である。もとより雄弁は一つの技術である。天賦の才能を欠く者は、これを体得することはできないといえども、ある程度までは練習によって演説を試みることができよう。今ここに初学者のためにその心得の二三を掲げよう。

演説をしようとすれば、まず第一によく準備をしておくべきである。なるべくはこれを口語的に筆記しておくべし。ただし暗記をしてはならない。ゆえに演説に臨むまでは、別に一紙片に警句数字その他重要な箇所を抄記しておき、あとは原稿を離れて自由に語るべし。後に練習を積むに至れば、しだいに緻密な準備を欠くことができるようになる。

演説の結構はまず三段に分ける。すなわち（一）緒論（二）本論（三）結論である。たとえばここに「ハンザ同盟の任務およびその沿革」について演説しようとする。まず商工業の現今わがドイツにおける重要な位置を論じ、次にこの貴重な商工業が現今蒙っている圧迫、殊に一九〇九年の財政改革による財政上の負担を訴え、これ以上の圧迫負担を防衛するために、一九〇九年六月十二日結ばれた所以を述べる。そして次にわが同盟の政綱、ならびに選挙に対する態度を述べ、結論として同盟沿革の大要を論ずるに当たって、熱烈な弁を振るって聴衆の賛同を得ることに努めるべきである。

演説中には実際的例証その比喩比較等を巧みに挟むのがよい。その場所に応じて、その土地に特殊な関係のある事を述べるのは甚だ佳である。

演説は原則として一時間、討論ならばまず十五分をもって標準とすべし。討論において種々の事にわたって述べるのはいけない。必ず要点に関してのみ論ずるべし。自分にも分からないことを饒舌し、長々しい言句を論ずるのはすべて禁物である。

雄弁家は途中、言句に詰まりまたは突如反対の攻撃を食らっても、決して狼狽してはならない。要するに過去の失敗に学ぶ所があり、よく雄弁家と交際をし、また常に経済政策上の問題に注意を怠らなければ、ついには知らず知らずの間に雄弁家となれるだろう。そしてこのような論壇の勇士を、わが同盟はなお多数要求するのである。

（参照一）旧時のハンザ同盟

語源を尋ねるに、ハンザという語は、もと軍会または軍隊の義を有し、転じて組合を意味し、再転してついに商業上の組合の義となったが、中世紀に至りドイツにハンザ同盟なるものが起こるにおよび、ハンザという語はさらに局限されて、この同盟を指称するに至った。

そもそもハンザ同盟というものは、その起原の年所が明らかでないが、十二世紀の交においてすでに存在し、一つには在外ドイツ商人の集団と、また一つはドイツ国内の都市とが相結合して、この同盟を形成したものであって、初めは国内または王侯等と何ら関係なく、宛然たる一個商業的共和国の態を成していた。

まさに当時の事情がその成立を促進したものである。この時代においては欧州各国の国権が未だ定まらなかったため、商売で海を航する者は、多くの海賊の襲撃に悩まされ、自然共同して航海し、相援助する必要があったが、その外国において貿易するようになるや、国際法の観念が幼稚であったため、法律は属地的な性質を有せず、むしろ属人的に各商人が自国の法律に依るという有様であったために、自然に同国人たるドイツ商人は相集団して規約を設け、組長その他の役員を選んで相助けた。かつ外国に長く居住すると倉庫を設けて物品を貯蔵し、工場を作って加工する必要が生じたので、その財産擁護のために組合の規約が次第に精緻となり、ついに組合法が成立することとなった。そしてこれらの団体は、その居住国において、租税および通商上の特権を獲得するにおよび、次第に隠然たる勢力を成すに至った。

その著名なものは、ウィスビー〔スウェーデンのヴィスビュー〕、ロンドン、フウゴロット〔ロシアのノヴゴロドか?〕、ベルゲン〔ノルウェー〕、ブルーゲス〔ベルギーのブルージュ〕等であって、ウィスビーがバルト海の商業的中心であったのに対し、他の四都は北ドイツ貿易の四極点を占めた。その最盛であったのはロンドンであって、後に都市同盟の発達に対し、最も偉大な影響を与えた。まさに前記四市のドイツ商人がその市の土着人と化し去ったのに反して、ロンドン在住のドイツ商人は常に母国とロンドンの間を往来して外国商人たる色彩を失わなかった。

ロンドン在住のドイツ商人は多くコローン〔ケルン〕の市民であった。コローンは当時ドイツの大都市であって早くすでに市庁を有して自治制を布き、近隣の各市はおおむねその鼻息を窺うという状態であったので、ウェストファリア、オランダ、北海等の諸市を抱擁し、英国との通商貿易などは、その許しを得なければ行うことができないほどの勢いであった。ところが十三世紀の初葉に至って、リューベック市が俄然として勃興するに会し、コローンは極力これを圧倒しようとしたが、一二六〇年、ヘンリー三世がドイツ全土の商人に平等な保護を与えるにおよび、コローン市は独占権を失い、各都市の列に墜ちるに至った。

そしてコローンの強大を挫いて起こったリューベック〔ドイツ〕の勢力は、先に掲げたハンザ同盟の第二要素、すなわちドイツ国内都市の団結の力に依るものであった。コローンが在外ドイツ商人の組合を牛耳ったのに反し、リューベックはドイツ内国の都市を連衡してこれに当たった。その最も顕著なのはハンブルグ〔ドイツ〕である。その連衡の目的は海路陸道の安全と、また国内侯伯の圧迫に対抗するためであって、国内の都市が一致してこれになびき、ついにコローン、ウィスビーを凌駕してハンザ同盟の中心となった。

十四世紀以後は、ハンザ同盟は在来のごとく在外商人の団結としての意味を失い、転じて内国都市の同盟となり、一三四三年にノルウェー公マグナスよりハンザとして公認されるにおよび、ここに一個の合衆国として外交的地位を有するようになった。一三五六年に至り各市の代表者がブルーゲスに会して、通商上の特権に関する法規を制定し、同盟自身を主権者として各市はこれに従属的な位置を占めることとなった。

しかしながら、ハンザ同盟は当時外患が無かったなら、必ずや内憂のために倒れたであろう。その著しい外敵はスカンジナビアの諸国、殊にデンマークであった。実にハンザ同盟の目的は、バルト海および北海に往復して待機し、東欧と西欧との通商を試みることにあったからで、ズンド海峡を扼したデンマークの形勝なる地位はこの同盟を脅かすのに甚だ有利であったので、紛争数十年にわたって互いに勝敗があったが、一三七〇年に至りシトラルズンドの平和条約を締結してハンザ同盟の全勝に帰し、デンマークは貢を容れてわずかに免れることができた。これがハンザ同盟の全盛時代である。

対デンマーク戦争はハンザ同盟の統一を甚だ強固にし、ついに同盟の憲法を制定し、年一回の会議を召集して同盟内部の事務を処理した。殊にその特色とするところは、徹頭徹尾貴族的態度を固辞し、民主的傾向を帯びる者を容赦なく除名したところにある。たとえばブルンウィック市のごときは、下級民である工業者を市政に参与させた咎で除名され、そのことを改めるにおよんで初めて加盟を裁許された。しかしながら、その内部の政治は必ずしも今日の国家のような整然たる秩序と統一とをもって執行されたものではなく、同盟内の各都市は出来る限り自己の独立を保持することに勉め、中央の命を奉じなかったが、ただ一旦緩急ある時には必ず一致団結してその外敵に当たった。

後十四世紀の終わりに至り、デンマークはふたたび旧時の隆運を回復し、波乱がまた新たに興るにおよび、ハンザ同盟は次第に衰運に向かった。しかしながら、十五世紀中はハンザ同盟はなおその姿勢を保ったが、十六世紀に至って、その衰えの大勢は到底支えることができないようになった。この世紀になって、英国、オランダの両国が俄然として勃興し、北海の通商権は英国に、漁業権はオランダに帰するに至り、ハンザ同盟の終期はようやく近くなった。これに加えて、同世紀に起こった各地方（米国および希望峰）の発見は、商業通路の変更となって、ハンザ諸都市は中心地外に投げられただけでなく、ドイツ各地方の王侯の勃興は各都市の権勢を削減し、頽勢を収拾できないようになったが、十七世紀にドイツ帝国を震撼した三十年戦争が発生するにおよんで、ハンザ同盟はついに名実ともに転覆した。後一六一九年の最後の会議において、リューベック、ハンブルク、ブレーメンの三都は独立を回復して、ハンザの旧名を継いだが、単に名前に止まり、ハンザ同盟はついに永久に亡びた。

（参照二）政社法★について

本文ハンザ同盟はドイツにおいてこそ、よく一つの結社として成立したのだが、わが警察法の下に在っては、結社と政党とはややもすれば混同しやすい嫌いがある。ハンザ同盟のような有益な結社成立のためには不便であって、また党のため理想的発達を妨げる障壁となる恐れがある。近頃の我が国の腐敗した政党の現状に鑑み、英国政党の発達を羨望する有識者が次第に多くなるのは、まことに故ある。しかしながら、政党であって旧式な政社法の束縛を脱することができない間は、真正の発達は決して望めない。いずれにせよ、現行政社法の改正は、真に我が国政党革新の第一着手であって、推移する時勢に順応し、国情に適従する法を立てるのは国運発展の最要件であることは疑いない。

★編集部注――正確には「集会及政社法」で、明治二三年（一八九〇）七月二五日に公布された政治的集会や政治的結社に対する規制法。後藤は結社の自由がないことに批判的だった。明治三三年（一九〇〇）六月公布された治安警察法によって廃され、大正一四年（一九二五）四月二二日に成立した第一次治安維持法によってより広範な規制が課せられた。

自治制の消長について

（一九一六年）

わが国自治制の起原、大久保、山県二公の功績

自治制[1]がわが国に実施されて以来、ここに約三十年が経過した。自治制制定[2]の来歴に関しては、先年挙行された二十五年記念祝典の席上で、大森男爵[3]の講演における「自治制制定の顛末(てんまつ)」に詳しく述べられており、わが国の自治制は必ずしも三十年前に初めて布(し)かれたのではない。徳川時代においてすでに、やや見るべき制度が存在していた。なおよく研究したならば、それ以前より成立していたかも知れない。ところが王政維新ののち、旧制が破壊されて新制度もまだ確立せず、まさに憲法を発布し国会を開設しようとする時に臨み、その基礎ともなるべき自治制の状況を顧(かえり)みると、はなはだ恐るべきものがあるのを認めて、当時の内務卿であった山県公[4]がこれに努力された、ということが骨子(こっし)となっている。大森男爵の言われるように、山県公は、真に最近におけるわが自治制の中核である。もっとも、これより先に、木戸侯[5]が自治制の必要に着眼され、ついで大久保公[6]が兇刃(きょうじん)に倒れた時は、すでに市町村制度の編成が完了し、地方官の諮詢(しじゅん)〔相談〕を経て実行されようとしていたことは、みな人が知るところである。すなわち新自治制の上諭(じょうゆ)〔天皇の裁可〕にうかがえるように、徳川幕府時代の制度にもいろいろと参考にできる点を具備(ぐび)していたのである。〔公布の時の〕上諭によれば、

朕地方共同ノ利益ヲ発達セシメ衆庶臣民ノ幸福ヲ増進スルコトヲ欲シ隣保団結ノ旧慣ヲ尊重シテ益之ヲ拡張シ更ニ法律ヲ以テ都市及町村ノ権義ヲ保護スルノ必要ヲ認メ茲ニ市制及町村制ヲ裁可シテ之ヲ公布セシム

このように大久保・山県二公は、わが自治制史上特筆して永遠に忘れてはならない人である。また自治制制定の顛末を述べられた大森男爵も、その編成者の一人であるから、この制定の経過、苦心、艱難の状況を叙するのに適当な人である。

（1）「自治制」と「自治」とを後藤は基本的には区別している。前者は国―府県―郡―市町村を通ずる官治的支配体制の中で地方自治は官治の補充として位置付けられるが、後者は、社会の一隅に生活を営むものが、自律的に有機的組織を編成して相依り、相助けて自己の精神的物質的生活を向上発展させることを意味している。

（2）これは、一八八八（明二十一）年四月二五日公布、翌年四月一日から施行された市制・町村制を指しているが、明治憲法下におけるこの制度は、国政事務の執行を第一義とする中央集権的行政処理体系として構築された。市町村は自治団体とされるものの、国の普通地方官である知事の指揮監督のもとに国政事務の執行にあたり、市町村の自治事務は財産や公施設の管理という非権力的な公共事務に限定されていた。第二次大戦後、市町村は広範な自治権をもつ完全自治体となったが、五〇年代から中央統制が強まり、現在、自治・分権の要求が高まっているものの、行財政面における強い中央統制を受けているため、基礎自治体としての権能の発揮は難しい状況にある。

（3）大森鐘一（しょういち）（一八五六〜一九二七）駿河（静岡）出身。明治から大正期の官僚。造兵司、陸軍省、司法省、太政官権書記官をへて長崎県、兵庫県、京都府知事をつとめ、大正天皇即位大礼事務官、皇后宮大夫となり、枢密顧問官もかねた。昭和二年三月五日死去。七二歳。

（4）山県有朋（一八三八〜一九二二）長州出身。一八八三（明一六）年内務卿となり、国会開設に備えて地方制度再編に着手、市町村制、府県郡制を制定、地域の有力者の支配を制度化した。地方自治とは「人民の国家に対する義務」であるとして、官治的性格の強い地方自治制を採用した。この性格は第二次大戦後も維持された。

（5）木戸孝允（たかよし）（一八三三〜七七）長州出身。大久保利通、西郷隆盛とともに明治維新の三傑と称される。地方官会議の設置に努力、立憲制樹立の路線をつくった。

（6）大久保利通（一八三〇〜七八）薩摩出身。明治維新三傑の一人。一八七五（明八）年一月、大阪会議で、木戸、板垣退助と妥協し、漸進的に立憲政治に移行する方針をうちだした。

シュタイン伝の出版

わが国の自治制が、その範をドイツに採ったことは、世人があまねく知るところである。私は明治十六年に初めて名古屋から内務省衛生局に転任を命ぜられたのであるが、当時、山県内務卿は自治制の立案に際し、属僚を率いて調査に熱中されていた。その時である。ドイツ人モッセ（7）という人が、毎週日を定めて内務省内で自治制の講義をしていた。そしてこの講義は衛生制度の上にも重大な関係を有するために、私も毎回その末席に列したのである。この時、まさにシュタイン伝[8]が翻訳され、山県内務卿の序文で官報として発行された。このシュタイン[9]は有名なプロシヤの宰相で、今から百年ばかり前、同国が内憂外患こもごも至って国勢衰退を極めた時に当たって、奮然と起(た)って国政を改善し、国民の自由を尊重して国家の基礎を強固にするには、まず地方政治殊(こと)に自治制を完備しなければならないという議を建て、しかもそれを実行して偉大な功績を挙げた人である。

その伝記は、英人シーレー氏[10]が著述したもので、大変な大巻であったが、末松子爵[11]が英国留学中に購(あがな)い求めて伊藤公[12]に送ってきた。当時、山県公が自治制の調査に力を入れられていた時であったから、伊藤公はこれを山県公に送り、ここに翻訳されることになったのである。このことは、シュタイン伝三巻に対する山県公の序文にも明らかである。そして公がこのシュタイン伝三巻を出版されたことについては、私は同公の苦心した所を十分に察知できると思う。なぜならば、今日から見れば、一図書の発行というものは、まことに些細(ささい)なことに過ぎないのであるが、当時において自治制を発布し、これを実行するに当たっては、このような書物を官報として出版しなければならないくらいに、社会一般の民智は低かったのである。現今の官吏ならば、府県の理事官くらいの人でも知っているような事でも、当時はよほどの先覚者でなければ知っていなかった。山県公の用意がどれだけ周到であったかは、この一事をもっても明らかである。

（7）アルバート・モッセ（一八四六〜一九二五）プロシヤの法学者。訪欧した伊藤博文一行に憲法、行政法を講じ、一八八六（明一九）年内閣および内務省顧問として来日。山県内務卿に委嘱されて市制・町村制などを起草、それがその後の日本の地方自治制の基礎となった。九〇年帰国。

（8）ジョン・ロバート・シーレー著『斯丁伝（シュタイン）』三巻。一八八七（明二〇）年、博聞社発行。

（9）カール・フォム・シュタイン（一七五七〜一八三一）プロシヤの政治家。フリードリヒ・ヴィルヘルム三世治下、ナポレオン軍に完敗したプロシヤは、国家存亡の危機に瀕し、一八〇七年十月、シュタインは国家再建のために登用され、事実上の首相としてプロシヤ改革に着手、農奴制下の農民の人格的自由、都市法による市民の自治（シュタイン市制）、行政機構改革など自由主義的改革を行うが、一八〇八年十一月に罷免され、内政改革はハルデンベルクに継承された。後藤はこのシュタインの君主政治の中での民主的改革に注目していた。

（10）ジョン・ロバート・シーレー（一八三四〜一八九五）イギリスの歴史学者。一八六五年、人間としてのキリストを論じた『この人を見よ』を刊行、大きな反響、論争を引き起こした。九四年ナイトに叙せられた。

（11）末松謙澄（のりずみ）（一八五五〜一九二〇）福岡出身。明治時代の官僚政治家。一八七八年渡英、八六年帰国、第二次伊藤内閣法制局長官、第三次伊藤内閣逓信相、第四次伊藤内閣内相を歴任、伊藤博文の長女生子と結婚、伊藤系官僚として終始した。

（12）伊藤博文（一八四一〜一九〇九）長州出身。八五年、内閣制度創設、初代首相、以後四回内閣を組織、帝国議会開設、立憲政友会創立。韓国統監府初代統監。元老として重きをなした。

不健全な発達

そもそもドイツが今日の強大な帝国の基礎を築き上げたことについて、あずかって最も力ある人は何人であるのか。ビスマルク[13]か、カイゼル[14]か、否、国を憂えることの深いシュタインのような人があって、プロシヤの国歩艱難の時に当たって、よく自治制のために尽力貢献したからこそ、ドイツが今日、四面に大敵を引き受けて屈しない所以であある。世にはドイツの勃興がカイゼルの力、ビスマルクの力に依るものとし、シュタインの苦心経営の結果である自治制の健全な発達に基づくところが最も多いことを知らない人が少なくない。しかし近時、ドイツ隆興の原因についての研究がしだいに進むにつれて、ようやくドイツ自治制の発達が健全であること、ならびにシュタインの功労が絶大であることが世人に理解されるようになった。したがって今日においては、もはや山県公が内務卿であった当時のように、シュタイン伝の閲読を特に勧める必要はあるまい。高等官吏も相当な教育があり、また民間の有識者も一通り外国の事情に通じ、自治の点についても、山県公の自治制発布当時とは全く異なった天地を拓いて一大進歩をとげている。

このように自治制の精神およびドイツ勃興の原因がわが国人に了解されているにもかかわらず、わが自治体の状態がどうであるかを顧みれば、いまだ完全かつ健全な発達をとげていると見ることができないだけでなく、遺憾な点が実に多いのは、そもそもなぜであるのか。もとより今日この事を云々する理由は、決して現に自治制に関係する当事者を攻撃したり、または監督官庁に対して不平を訴えようとせんがためではない。かりそめにも自治という以上は、われわれがお互いに負担しなければならないはずであって、天を恨まず人を咎めず、ただ己れを責めるべきである。そしてわが自治制の施行以来ここに三十年、今日の文明の程度は当時とほとんど隔世の進歩をとげつつあるにもかかわらず、自治制の実行においては、その熱誠あるいはわれわれの希望に副わない点が多々あり、お互いに歎息に堪えない状況である。私にはこれが甚だ情けないことのように考えられる。これが、私がここにこの一篇をものする所以である。

(13) オットー・フォン・ビスマルク(一八一五〜九八)一八六二年、プロシヤ首相となり鉄血政策をとり、普墺戦争(六六年)に勝利、七一年、普仏戦争に勝利してプロシヤを中心としたドイツの統一を完成、ドイツ帝国初代宰相となった。その社会政策、外交政策は後藤に強い影響を与えた。

(14) 必ずしもドイツ皇帝ヴィルヘルム二世(一八五九〜一九四一)のみを指すのではなく、ヴィルヘルム一世も含んでいると考えられる。

いい加減な議論でないことを悲しむ

私は今さら自治とは何か、自治制とは何かというような解釈をし、または自治制が健全でなければ憲法政治の美果を結ぶことができない、などというような論述を試みる意思はない。もしこれをすれば、明らかに世に対して敬意を失うものである。しかしながら、立憲政治と自治との関係はどうか、不健全な自治が憲政の実を挙げることができるのか否か。また未熟政党(15)が自治を蹂躙(じゅうりん)するのにまかせて、今後いずれの時、いずれの処に自治の健全な発達を望むことができるのか。あるいは、われわれ各自はよく自治において負担すべき義務を完全に尽くしているか否か。現今、各自治体議員の選挙に際し、国民はよく義務を尽くしつつあるのか。自治は群集が好むものであって紳士が嫌うものではないか。現今、国民は果たして真に自治を迎えるのか。あるいはまた、官治を願うことはないのか等の諸問題に対して、一応の考量を費やすことは、必ずしもいい加減な議論としてのみ白眼視しえない状況ではないのか。これは、私が疑わざるを得ないところであって、また世の感じも同じであると信ずるのである。

かの義務を尽くさないで権利を得るのに急であるのは、責任を知る紳士がやることではない。しかしながら、その非を知ってなおかつそれを改め難いのは人情の通情である。すなわち党弊打破を叫びながら、自ら党弊を助長する挙に出たり、あるいは立憲々々と叫びながら、一段と非立憲の言行を為すような世の中であるから、私の言説も必ずしも無用ではあるまい。

(15) 後藤は、国家とは「人間の共同体の外部的組織」(『日本膨張論』)と考えており、その国政にかかわるのが政党であり、共同体における民政は共同体内の人間の自治によって行われるべきだと考えている。その政党が金や力や官治的言論を弄して人々の自治的自覚の芽を摘んでいるので未熟政党と称する。

怠慢を律する手段

すでに自治体が何であるかを解し、自治制がどれだけわれわれの生活に対して必要であるかを知り、かつまたわれわれの自治がどれだけ不健全であるかをも十分に承知している現代の人々が、どうしてその健全な発達ということに対して冷淡であるのか。またこれを冷視しておろそかにする方がいわゆる幸福であるのか。この問題の攻究がまずは重要であると私は考えるのである。すでに知れ切った事柄を繰り返して説明し解釈することは、人情の通弊である怠慢に流れるのを律して行くのに必要な手段である。思うにこれは尋常一様な手段であるけれども、この手段を欠いてほかに道がないのは、社会問題を理解するに当たっていずれの場合もすべてそうである。

またこれは独り現代においてそうであるだけでなく、昔からそうである。われわれの尊敬する先哲は、「道之不行也我知之矣、知者過之、愚者不及也、道之不明也我知之矣、賢者過之、不肖者不及也」(16)と言っている。聖人と言われる孔子でさえ、こんな情けない愚痴を言っているのだから、私がここに愚にもつかないことを説くのは、むしろ当り前ではなかろうか。それで、自治の行われざる我れ之を知る。智者は之に過ぎ、愚者は之に及ばざる也、と言ったならば極めて明瞭になると思う。

(16)『中庸』第二段第一節にある文。意味は、「道が世の中になかなか行われないことは、私自身心得ている。賢い者は（人の注意をひくような高遠なことに走って）、道を不足に思い、愚かな者は（自分だけの卑しいことにふけって）、道に心を向けようとしない。私自身心得ている。才能の優れている者は（人々を驚かすような新奇なことをつとめ）、道をはげまず、才能の劣った者は（一身の利益を追って）、道をつとめようとしない」の意である。

まず解決を要する点

一体「知者過之、愚者不及也」とはどういうことかと言うと、知者は知り過ぎる結果、これを行うに足らずとしてなおざりにするのである。愚者に至ってはその事を知る明もなく、また学ぶ力もないから、利害が関係するところに通ぜず、また知らない者のようなものである。この結果、ついに道が行われず、自治が行われないということになるのである。自治が行われないならば、どのような事態を醸すか。今日、立憲治下において、かりそめにも知識階級に属する人ならば、ひとたびその問題に逢着すれば、よく知り得ることである。否、みなよく知っていることである。ただこれを行う力をよく尽くすか否かが問題である。また問題に逢着して、その利害得失が関係する場合には、自ずからこれを知り、また自ら明らかにする力を有しながら、問題に到着することがなければ、これを知ることをなおざりにして顧みないのである。これは私が、この明あり力ある人がなぜその明と力とを実行に移さないのかということの解決こそ、自治の攻究上まず必要であると言う所以である。

病的発達の原因、恐るべき文明病

それではこのような弊が起こる原因は何かというと、これは結局わが国民の上下を通じて、今やことごとく文明病に冒されている結果である。文明病には種々あるが、中には「労、古人の半ばにして功これに倍す」という諺の精神を誤解して、文明人の生活、開化人の生活とは、半人分の働きによって一人分の報酬を得ることにあるとし、これを実行する者が一番悧巧だとするようになったことが最も顕著である。そしてこの個人の文明病が、ついに自治体の病的発達を招来したのではないか。もとより私は、わが国の知識階級がことごとくこの病気に罹っていると断ずるのではない。ただ国民は健在であるのか、また知識階級は健在であるのか、という問題を提示するのは、今日において全く不必要な事項ではないと信ずるのである。

思うに人間が病気に罹っていながら、その病人であることを知らないというのが最も治し難いのである。三十年近い経歴を有するわが国の自治制についても、私はそれが救い難い病体に陥っていると断言するものではない。健全な点が多々あるに相違ない。また郡市町村議員であって、健全な人と不健全な人と相混っていることも事実である。ゆえに私は、健全な者が勝利を得て、良民の幸福増進に対する勢力となり得るか否かを問おうとするのである。またこれと反対に、健全な活動を希望する者がかえって勢力なく、不健全者がしだいに増長する傾向があり、そのために自治の健全な発達を妨げる事実がないか否かを疑うのである。

文明病の治療法、社会税と精神税

文明病も、客観的文化肥大症または個人的文化萎縮症に陥るというのは、実に憂いの極である。この文明病は現今すでに個人を冒しているだけでなく、公共団体をも冒し、超個人主義の流行とともに盛んに社会の上下を侵そうとしている。およそ世の中の事は、一人前だけの仕事をして一人前だけの報酬を得るのではなく、一人前の仕事をすれば、かえって一人前以上二人前三人前あるいは四人前の攻撃が来るくらいのものである。この攻撃をものともせずに、驀進するところに本領の発揮があり、公衆のために尽くす所以のものがある。そしてこれこそ社会に対する自分の税である。社会税である。精神税である。社会税といっても、慈善事業に対して寄付するというような物質的関係を言うのではない。社会公衆に対する努力、貢献である。これは社会より課せられた紳士が払うべき税である。そしてこの税は、どれほどこれを支払っても尽きないのである。またこれを払わなければ文明生活ができない。

　私がこのように言うと、後藤はいつも攻撃ばかりされているから、それを弁護するのだろうと解する人もあるかも知れないが、しかしこれは動かし難い真理である。人のために図って忠ではないかということを本として説くと、いかにも高尚に聞えるけれども、私は決して高尚な学者でも何でもない。俗の俗である。その俗の俗であるものが有体に告白すれば、実際以上のものになるのである。紳士とは何かといえば、義務を怠って権利を得ることだけに急である者ではない。一人前の仕事に対して二人前三人前の攻撃を受けても、これを排して勇往邁進し、小さくは一家のため、大きくは社会国家のために努力して止まない者を言うのである。俗人である私はこう解している。これは実に自治の本分ではなかろうか。あるいはまた文明病治療の方法ではなかろうか。

地方自治の蹂躙、非立憲である党人

自治体の健全な発達について、私が望むことはほとんど挙げきれないほど沢山ある。中央政界の党争のために、その自治を蹂躙されながら、何ら不平不満を感知しないだけでなく、自らその渦中に投じ、その中を躍って歩くに至っては、全く健全な思想がどこに存在するかを疑わざるを得ない。この事についてはすでに諦観し慷慨している人も決して少なくはない。しかも知ってこれを矯正しないとはどうしてか。結局知り過ぎているからである。他の非立憲を認めると同時に、自らも非立憲的言動をあえてしつつあるからである。現に自治が蹂躙されるのを見過ごし、自治体が中央政争の犠牲に供せられるのは、多年の風習であって、今ここで抑制を企てても、言っても行い難いと、公言して憚らない領袖〔政党の党首〕がいる。ただしここに断るまでもなく、地方の自治は中央党争の犠牲に供せられるべきではないことは明らかである。しかも起って自働的自発的にこれの打破を試みないのは明らかに非立憲である。

戦後経営と自治、閑却される証拠

近来の流行語に「戦後経営」という言葉がある。それが盛んに用いられている状況は、もしこの言葉に魂があるならば、その濫用に憤慨すると同時に、いわゆる刹那主義、今日主義、紺屋の明後日主義、〔噂も〕七十五日主義のように、ぐずぐずして間に合わせ的な主義の代わりをさせられているのに対して、不足不平を訴えるかも知れないほどである。しかもこのように大流行であるにもかかわらず、その文字がいまだかつて自治制の上に冠せられたことがないという事実を見れば、世人がいかに自治制をおろそかにしているかが判るのである。一体自治制というものは、昔は専ら中流以上の人の努力によって存在し、また利害関係もこれと密接であったのである。ところが今日においては、ただ中流以上の人だけでなく、かりそめにも一地方に共同生存をしているものは、どのような下級者でも、共に利害関係を持っているのである。これはすなわち選挙の際などに、自治制の利害を、演説に文章に喧しく説き立てる所以であるが、これは単に選挙の場合だけに担ぎ出すべきものではなく、日頃においてもそうなくてはならないはずである。ところが今日の実際を見ると、日頃は少しもこれを口にし筆にするものがない有様である。このようにおろそかにするからこそ、今時流行の「戦後経営」「戦後の用意」ということについては、自治制の問題は引っ張り出されず、さながら戦争とは全然関係ないかのように取り扱われつつあるのである。

強盛の根底は自治、どうして明日を待てようか

少し枝葉にわたるかも知れないが、私はこの「戦後」ということについて、一言付け加えたいと思う。いわゆる戦後経営または戦後の調査ということは、今日この事をやって置かなければならないが、マア明日でもよい、ソウだ明日の事にしておけ、という一時のがれ一時しのぎの情から、ひとえに明日を恃(たの)んで楽観的に一日を送ろうとするところから起こってくるのである。このような思想を有する者に対して、どうして明日を待てようか、今日すでにその注意をしなければならない時であると告げたいのである。

現に欧州の戦争において、自治体の働いている国と働いていない国とを比較対照して見れば、この問題が一日もゆるがせにできないものであることを悟るであろう。元来、立憲政治の模範は英国にあるという。そして立憲政治と自治との関係に思いをめぐらさないものは、あるいは納得しないかも知れないが、英国が今日の国難に処して抵抗力が強盛であるのは、その原因が実は自治の力に存するのである。どうしてただ富の力だけに依ると言えようか。フランス、イタリアの抵抗力が比較的弱い所以は、これまた結局、自治の力の弱さに帰さなければならない。そしてまたかのドイツの場合は今日、その自治の力に待つのが他よりもさらに大であるにもかかわらず、世人はこれを説明して、単に学術の力、軍国主義の力である

としている。その根底は完備した自治制にあるということを（『ドイツの軍国的施設』[17] 四二頁ないし四五頁および六二頁参照）知らないのである。不時において一意専念自治体の健全な発達に努めた結果にほかならないのである。このように戦勝の根底には、必ず常に完備した自治体が存在するのであるから、この研究は今日只今から必要である。必ずしも今日流行の戦後経営という文字を借りる必要もなければ、また戦後まで引き延ばす猶予を与えるべきではない。

（17）通俗大学会出版。シリーズ「東西時論」第二編に収められている。大正五年刊行。

政党憎悪の傾向、人間生活と台所

選挙の事について、自治体の不振を憂える声は常に聞く。私も至極同感であるから、ここに一言しようと思う。選挙の実況に通ずる人は何人でも歎声を放って、この有様ではとうてい憲政の健全な発達は望み難い、また自治制の発達も期待し難いと言う。そしてこのような歎息の原因となるものは種々あるが、自治体の蹂躙者が常に政党であるために――時には官権でありまた金権でもあるが――政党を憎悪し、または無視しようとする傾きがある。これは実に面白くない事柄である。

思うに選挙の実況を視るのは、あたかも台所を覗くようなもので、台所を見れば料理を食べる気にならないと同じく、砂糖製造所に行けば砂糖を舐める気にならず、また腸詰製造所に往って見ればもはや腸詰を食う料簡が起こらないように、総て物の成り立ちを見れば嫌気がさすものである。ゆえに古人も「君子遠庖厨」と言っているくらいであるが、だからといって人間は台所なしに生活できるものではない。それはあたかも便所が汚い、浴場が汚いと言いながら、便所を必要とし浴場を必要とするのと同じである。すなわち今日の文明生活がどのようにして台所を清潔にし改良すべきかに苦心しつつあるように、憲政と政党との関係もまたこれを出でないのである。

党派党争の倫理化、政治的台所のはらい清め

しかも世間は往々にして党派の弊害を痛論し、これを憎悪する――現に私もその一人であるかも知れない、党派嫌いである、党派を無視する者であるなどの謗りを常に受けている――が、これは思いのいたらないこと甚だしいものである。私は元来、党派党争の倫理化を首唱するもので、かつて党派を無視したことはなく、また自治を党派の犠牲とするものに反対する。そもそも選挙というものは憲政治下における政治的台所である。この台所を清潔に衛生的にするということは、実にわれわれの文明生活の秘訣であり、また文明人たるものの天職である。したがって選挙に対して自己の義務を怠らず、熱心にそれを清潔にするところに、文明人の文明人たる価値が存するのである。これに対して嫌気を催すというようなことは、

思うに非常な誤りと言わなければならない。

誤った棄権心理、選挙の意義がない

ところが今日の選挙の実際の有様は、これと反対の事実を露呈している。すなわち有権者は自己の権利を抛棄(ほうき)することによって、最も妙策であると思惟するようになっている。「選挙はどうです」と訊かれた場合、「私は棄権します」と答えるのを、何か高尚な事のように考えている有様である。また「衆議院議員ならともかく、高(たか)が町村のことだ、なに心配することはないよ、マア他人に任せておけばよいサ」という塩梅(あんばい)で、地方の知識階級のものが、選挙の意義精神を了解しない有様は全く論外である。そして尋ねた方の人も、これらの棄権を目(もく)して、哲人か脱俗者のように思って少しも怪しまないのである。しかし私はこのような悟りを開いた人、僧侶めいた人々を俗人にかえらせて、思うさま投票三昧に入らせたいと願うのである。

風ついに俗となる、自治は天外の囁き

またこういう例もある。ある身分ある者が多数をもって選挙されると、「見よアノ人もとうとう政治屋の仲間入りをしたじゃないか」と言って、何だか外道(げどう)に落ちたか、博徒(ばくと)の仲間

にでも入ったかのように口々に評し合うのである。そしてついにはその人を札付き同様に取扱って、なるべく交際を避けようとするのである。

また被選挙者から車なり馬車なりを廻さなければ選挙場に行かないとか、被選挙者に幾回となく平身低頭させなければ投票しないとか、甚だしいのは、日当を要求して選挙場に行くなどという言語に絶した今日の実状である。そしてこれを言うもの伝えるもの、いずれも平気で澄まし風ついに俗をなすまでに至っている。主客顚倒もここに至ってはむしろ滑稽どころではなく、自治制の健全な発達というようなものは、千万里外の囁きである。

かつて身分ある人が一日中政治に奔走した。するとその知り合いの二三者は、どうもあの人は物好きだ、余計な事に首を突っ込むのは失敗のもとだから、止めるように忠告しようと言うのである。私が今、このような実例を述べても、さほど驚かない人が世には多いことであろう。しかし私は断言する。社会一般の考えがそういう風に進化(?)しては、自治の健全な発達などは思いもよらない。

あどけない町村議員、床の間の前が目的

先年、内務省衛生局にいた頃、私はしばしば町村会議員らと会談する機会を得た。当時彼らの中に、町村立の伝染病院が何のために設けられているかを理解できるものは極めて少な

かった。彼らはまた何のために議員に選挙されているかをほとんど語ることができなかった。千円、二千円の選挙費を投じて議員になったのは、社会公衆のために尽くす目的ではなく、冠婚葬祭の時に床の間の前に坐りたい一念の結果であったのである。床の間の前がそれほど有難いならば、むしろ床の間の紋をつけた羽織でも始終着ていたらよかったろうと思ったのである。

自治の消長と墓地

自治の盛衰消長はその土地の墓地によって判断されるようである。試みに青山の墓地に行って見よ。三代と続いている墳墓は甚だ少ない。多くは一代限りで後はなくなってしまうのである。東京に住む人は、ちょうど取り除け無尽〔庶民金融〕をするような人ばかりと見える。富を得るために東京に集まるのであるから、これを得ればたちまち他郷に散じてしまう。したがって愛市愛郷の念が頗る薄い。自治確立はこの点から見ても困難となるのである。

羨ましいベルリン市、東京市は養育院

わが自治体創始の際に、毎週内務省において講義をしたドイツ人モッセ氏が、最近東京府知事の井上君(18)によこした手紙の中に、「ベルリン市には三千の市名誉職がある。自分もまた

大学教授、非職判事として名誉職に選ばれ市のために尽くしている。貴国の自治制の組織においては、名誉職と有給職員との合同によって市務を処理することに定められてあるから、現今、定めて多くの名誉職の人々がわれわれのようにその職務に尽くしていることだろう。これに関して詳細を御報知を願いたい」と記してあった。私はこれを読んだとき、実に背に汗するのを禁じ得なかった。東京市においては、無為無能の多数の人が金を貰って入っているので、ある悪口屋が東京市はやはり養育院という看板を掛けておくのが適当だと評したほどである。それほど名誉職にいる人は少ないのである。とにかく名誉職になれる人が多くあっても、市に巣食っているある種の癌のような人がわだかまっていて、健全な名誉職を入れて健全な発達をさせることを妨げているのである。市の自治制の有様は多言を要しなくても明らかである。

（18）井上友一（一八七一〜一九一九）金沢出身。明治・大正期の内務官僚。主に地方行政に取り組み、地方改良運動を推進。東京府知事在職中に病死した。

自治に対する覚悟、両税の自発的支払い

さてそうであるならば、わが自治制に対して、われわれはどのような覚悟を必要とするのか。この問いに対する答案は極めて簡単である。つまり、紳士としての本分体面を体得し、

何らの催促を受けずに社会税、精神税を払うことである。これで万事が解決するはずである。すなわち社会税、精神税の支払いに対して無尽蔵の力を有する確信があって初めて紳士であることができ、この紳士の努力のありかたが直ちに自治制の消長に関係するのである。社会税、精神税についてはすでに前に述べたように、その本体は金銭その他有形物件ではない。極めて広い意味の精神的努力の謂いである。これを平たく言うと、一人前以上の努力をしても一人前の報酬は必ずしも来ない。のみならず時には五人前、十人前の非難攻撃を加えられる。そして予めそのことがあることを知って避けず、厭わず、毅然としてその矢面に立ち、あくまで自己の真骨頂〔本来的姿〕を顕わし、それによって社会公衆のために尽くすということである。したがって各人が己の有する無尽蔵な貯えを惜しげもなく支払うとは、自治制発達の第一要件である。ゆえに他人の有するものを快く支払わせて社会に貢献させることも、望まれて当然であり、かつ必要な事である。

自治三訣　処世の心得

（一九二五年）

一　自治の精神

自治は生活の根本

自治とは、自分で自分の身を治めるということ、独立といっても自恃（じじ）といってもまた自助といっても、心の働きは同じである。この精神がしっかりしていないと、人間として立派に立っていくことができない。とかく人間には、依頼心という弱みがあって、何かにつけて人を当てにする傾きがある。この弱みに打勝ち、自分の身は自分の力で必ず始末をつけていくということになって、初めて人には厄介をかけず、同時に自己の天分を遺憾なく発揮することになる。天は自らを助くるものを助くという金言は、古今内外を一貫して変りがない。

しょせん人間生活の根本は、自治ということでなければならぬ。自治を離れて人間の棲息すべき楽土はなく、これなしには忠も孝も尽くすに由（よし）がない。言うまでもなく、自分の身体は自分の足で支えることが天理であれば、自分は自分で治めるのが当然である。個人として生活するという点から見ても、また進んで世に立って社会のため国家のために働くという点から見ても、自治の力が自分に備わっていなかったならば、決してその体面を保っていけるものではない。この自覚が確立すると、小さい個人は個人で自治の人、広い社会は社会で自治の社会、大きい国家は国家で自治の国家となって、個人には人格が輝き、社会には活気がつき、国家には威力が加わるの理である。自治の精神が発動すれば、必ずこの結果が見られる。これと反対に自治の精神が欠けたとき、人は萎縮、世は頽廃、国は衰微である。

自治はまた他の一面においては、調和と進歩の特性を備えている。社会が複雑となり、物質の生活が行き詰まると、悲惨な生存競争が行われるのであるが、自治の精神さえ発達しておれば、ここに円満な精神的調和が行われる。円満な調和は正義の生活であり、これはやがて温かい宗教的信念を呼び起こす道程である。物質より精神へ、衝突より調和へ、正義より信念へと人間生活上の微妙な向上作用は、これを自治精神の発動に待たなければならぬ。

自治は活力の源泉

人間には、このように天から与えられた自治の精神がある。この精神が旺盛になると、自己をどこまでも働かせていくという独特の創造力が湧き、それが限りない進歩向上の努力を続けていく動力となり、個人も社会も国家も緊張した無窮（むきゅう）の生命を得て、極度まで邁進しなければ止まないという発展性が躍動するである。自治の精神すなわち発展性は個人の体中に潜んでいる。それをば自覚し培養し発揮していくと、そこに人間の驚くべき活力が表れ、発展が見られる。この点からいうと、自治の精神は活力の源泉である。この源泉は、どれだけ汲んでも涸れる時がない。否、汲めば汲むほど新しい生命の水が湧き、進歩向上の力が強くなってゆく。

ベルグソンという哲学者は、「生命は絶えず新しい自己を創造しつつ進行する無限創造の力無限発展の力である」と説明した。この無限創造無限発展の力も、自分でしっかりと掴んで活かしていかなければ、その生命の活躍は見られない。まず自分の精神を自覚して、その自覚を第一歩として人生の行程を進めるのが、いわゆる生命を活躍させていく道である。人生はこの根深い自覚から出発していかないならば、真の活動はできない。人間には、すでに無限創造無限発展の大生命があるのだから、人事の多くは意のごとくでないけれども、この自覚と努力の前には何の障害もなくなるのである。こうして世に真の勇者が生まれ出て、人も栄え世も栄える。

今日の社会は何となく、生気の乏しい観がある。これは結局、自治の精神が欠けているために、社会のドン底から湧き起こる生命の活躍がないからである。形態は備わっても生命のない社会は残骸に過ぎない。今日の急務は、自治の自覚を喚起することである。

自治の三訣

永遠の生命の水を汲んで無窮の発展を予期しようとするには、自治精神を活躍させる修養の形式というものがなくてはならぬ。巻頭に掲げる自治の三訣は、簡単で要領を得たもの、自治生活の極意はこの三カ条に尽きている。

自主的自治
　人のお世話にならぬよう
社会奉仕
　人のお世話をするよう
国家奉仕
　そして酬いを求めぬよう

自主的自治は個人としての態度を、社会奉仕は社会に対する態度を、国家奉仕は国家に対する態度を、それぞれいましめて処世の心得を明らかにしたもの、この三訣の実行さえできれば、自治生活の目的は達せられる。この実行はもとより容易なことではないが、その実行を期する苦心努力が積り積って、個人も繁栄、社会も平和、国家も振興という喜ばしい結果が見られるのであるから、大いに勇猛心を振るい起こして、極力理想の実現というところまで進んで行かねばならない。修行は本来楽なものではないが、楽でないだけに最後の歓喜はまた格別である。その修行の法則として掲げた以上、自治の三訣は、人生最高の生活状態であるという熱烈な信念に活きるとき、そこに初めて絶大な自治生活の権威が現れるのである。

二　自主的自治——人のお世話にならぬよう

自主独立は、人間として望ましいことであり、また事実においてもいよいよ切羽つまっては、人は決して頼みになるものではない。大震災のような場合に、家は焼かれ、家財は失い、着のみ着のまま裸一貫となって路上に立ったとき、十人が十人窮乏しているのだから、誰にしても人どころではなく、ここに万事休してどちらを眺めても取り付く島がないから、もはや人を当てにするといった依頼心の持って行きどころがない。こうなれば依頼心はまったく行き詰って、自主的自治すなわち独立自恃の人でなければ世に立つ道はない、とはっきり判るのだが、この窮乏に陥って初めて気がつき、これから自主的自治の生活を送ろうと覚悟してみたところで、いま目前の窮境をどうすることも出来ないから、そこで自主的自治の生活を、無事平和の日から心がけておかなければならない。

自己を救う者は自己

つまり自己を救う者は、自己よりほかにはない。自治とは自己を救う道で、自己を堕落の淵から救い上げて正道へ導くのにも、また高い目的を描いて健気に向上進歩を図るのにも、みな自己の力を恃(たの)むよりほかに致し方はない、「人のお世話にならぬよう」の一語、真に人間処世上の大教訓としなければならぬ、自己を救う者は自己、自治は自然の大法である。

まず自己を完成せよ

自主的自治とは、自分の生活は自分が支配し、自分の運命は自分が責任を負うということである。ゆえに自分の努力の結果が好かったときには自分の功績であるが、もし不結果の場合であっても、自分の責任であるから不平も不満も起こるわけがない。この覚悟で仕事に取りかかれば、ぜひとも好結果を収めねばならないから、そこに非常な決心と不断の努力が躍動してくる。このとき自分に鞭うち自分を励ますものは、「人のお世話にならぬよう」との第一訣でなければならぬ。

いまここに真面目な一人物があって、職分のために努力奮闘を持続するとして見ると、この人の活動ぶりは人から必ず尊い人格の表われだと誉められそうなものだけれども、事実は往々そうでなく、かえって恐ろしい嫉視（しっし）、反感、敵意まで加わってきて、無残にもこれを虐げるものである。日蓮上人のような一代の傑物（けつぶつ）が人のため国のため身命を惜しまず骨折っても、一生迫害のために苦しめられたという類いが沢山ある。自治の心の必要は、この時である。このような場合には自己を信じ、自己を恃み、勇敢に正しい道を踏んで進まなければ、その目的を達するわけにはいかない。日蓮上人などは、自信自恃（じじ）の心が非常に強かったから、身にふりかかる百難に打勝って、最後の勝利を得たのである。これが自主的自治の徳というべきもの、その偉大な人格の光は、今にいたるまで燦然（さんぜん）と輝いている。

世に立つには、まず自己を完成して、それから事に臨むのが正道である。自己完成とは、自主的自治の人であることである。「人のお世話にならぬよう」の第一訣を金科玉条として猛進することである。そのような時には、人格自ずから磨かれ、精力自ずから加わり、期せずして成功への途上を一歩々々辿ることができる。自治の精神が熱して無限の創造力と発展性を表わすとき、それは神聖な信念すなわち宗教的信仰の発動であって、立派に完成された人格の人である。

ただし自主的自治をはき違え、単独孤立、利己我侭とならないように心掛けなければならぬ。自己は自己で独力責任を負い、何事も自身に引き受けて人のお世話にならぬから、他人の利害は知ったことではないとなってはいけない。それでは社会的生活ができなくなるから、深くいましめるべきことである。

健全な細胞

人体が無数の細胞からでき上がっているように、社会といい国家といわれる大きな団体も、人間という無数の個人から組織されている。細胞が不健全であれば、人体もまた不健全であるように、社会国家を形作る個人々々が不健全であれば、その社会国家も勢い不健全な集団であることを免れない。自然、社会国家が健全であるよう希うならば、個人々々が自治精神の堅実な活力に満ちた者でなければならない。この意味から個人としては自己を完成して自主独立の人にあらしめなければならぬように、社会国家から見ても、この細胞である個人がどこまでも健全なことが必要である。

健全な個人とはどのような人物を指すかといえば、その特徴は単に衣食生活の満足のみを目的とせず、高い人間味すなわち尊い理想の実現を志して努力邁進するところにある。人間の理想といえば、ある者は真を発揮しようとし、ある者は善に到達しようとし、またある者は美を表現しようとする。こうして真なり善なり美なりを、偏頗にならないよう均衡を得て、人間生活に実現させようとするのが、人生の尊いゆえんである。

この理想は個人と社会と国家とそれぞれ趣を異にはしようが、自治精神がふるい興されて初めてその目的が達せられる点は同一である。この理想があるから、人間は向上し進歩し醇化するのであって、人間の組織する社会国家もまた、向上し進歩し醇化するのである。自治生活の様式は、このように個人から社会国家へと条理整然とした経路を辿っていくものであって、個人の完成は、個人の集合している社会国家の完成となる順序である。社会国家の腐敗が歎かわしい場合、それはいたずらに歎くべきことではなく、各個人が自覚反省一番して、ちょうど疲れ弱った身体に悩む者が、その身体の細胞に宿る病根を一掃して健康を回復するように、全社会、全国家の病弊改善を図らねばならぬ。これが自治宗の信条であり使命である。

三　社会奉仕――人のお世話をするよう

進んでは社会のために

自治生活の真精神を体得して、自主独立の力強い生気に満ちた生活が送れるようになったならば、その上は第二訣「人のお世話をするよう」との修養に進まねばならぬ。人のお世話をするのは、余力が人に及ぶもので、世のため人のための奉仕（つとめ）である。換言すると個人として磨かれた美（うるわ）しい人格は、社会的生活を営むことによって、初めてその真価を発揮できるのである。自主的自治の個人生活から、社会奉仕の公人生活（奉公）に進むのは、人間自治の本能から出る作用であって、社会的に自治生活を営むのが文明人の持前である。人間が善であるとか悪であるとか、正であるとか邪であるとかいうのは、つまり人間生活を個人的から社会的に拡張して向上させていくのが正であり善であり、これに反するものが邪であり悪であるのだと断ずることもできよう。要するに社会を離れての個人はなく、また個人を離れての社会もない。

一言に、人間は社会的存在物であるといわれる。自己の利益と社会の利益とは一致融合すべきものであり、自己の真の利益は社会的生活の中に見出すべきもの、身勝手な他人の利益を無視した生活は文明生活の敵であるという反対に、人のお世話を念とする奉仕生活は、尊い向上生活というべきものである。

隣人を忘れてはならぬ

人は、みな隣人がある。日本人は古来社会組織の関係から、隣人という考えが薄かった。現代は社会生活が複雑となったから、勢い隣人を忘れるわけにはいかない。自分に力の余りがあれば、人のお世話をするというのが社会奉仕であり、つまり隣人に対する温情である。

今日の社会では、自分だけ都合がよければ人は構わぬ、といった利己的な態度は許されない。自分と他人とが互いに相了解し相融和し、相互の利益を考量して円満な調和に努力してゆくのが義務である。一家が平和に治まるように社会もまた平和に統一し、協同一致の精神が限りなく助長されるならば、たとえ平等と不平等はあっても、世に理不尽というものはなく、不平も不満も不公平もなく、社会的に自治生活が行われて、自治はそのまま正義と一致し、理想的に望ましい楽土がわれらの眼前に描き出されることであろう。これは申すまでもなく、隣人と相親しみ、融和統一する結果である。

また社会の状態を大きな国家の方から見ると、生活の単位は一個人ではなく、共同の目的と利害関係を持っている各種の社会的生活団体ということになる。この団体を組織する細胞は個人であるけれども、国家から社会的に見た細胞は、この団体である。これが社会的生活の特徴であり、少年団といい青年団といい在郷軍人団といい処女会といい労働団体といい、また各種組合というようなもの、これら諸団体の健全な自治生活が、直接に国家の健全な発達となるのである。これらの諸団体は、単に有志の集合というものではなく、国家が生活を営んでゆく機能の一部である自治体と相互密接な関係を有し、国民としての社会的生活中重要な地位を占めるものであるから、隣人と親しく相結んで、ますます自治精神の開発を図らねばならぬ。

信と愛の奉仕生活

奉仕は、人間最高の義務である。これによって、社会に協同融和団結活動が行われる。しかしいま一歩進んでいえば、奉仕は信と愛から出発したものでなければならぬ。信と愛を基調とする社会生活であるとき、一段と自治の精神である奉仕の意義が徹底してくる。奉仕に報酬はなく、それを自ら進んで行うところに信と愛の光が輝いて見える。

近頃社会には、雑多な問題が横たわっている。問題の内容にはしばらく触れないとしても、その多くは信と愛の奉仕精神が欠け、自治の精神の乏しいのに起因している。残念なことには、隣人と隣人と相親しむことを忘れ、自己の利益にのみ没頭して相手の利益を考えず、少しも協同融和の態度がなく、相互の了解同情ということが無視されている。もし社会に信と愛の奉仕精神さえ発動しておれば、問題の解決が容易であるというよりも、むしろ問題の起こる余地がないといった方が適切であろう。

社会奉仕の精神からいえば、その身の物質生活に余りあるものは、物資をもって社会に奉仕し、精神上の産物に余りあるものは、精神的に社会に奉仕したいことである。このようにして社会当面の欠陥を補えば、社会の自治生活が完全に行われ、平和で気高い社会が表われ、いたるところに反響する生活不安も、政党政派の悪弊に苦しめられる政治不安も、あるいはまた最近やかましい労働不安も、自然にその跡を没するであろう。殊に労資の関係においては、相互に自治自衛の霊感に打たれて、同情と理解とを持ち合うようになって、真の解決ができるに相違ない。

今日の社会の不安は、未熟な党派の弊を受け、著しく利己に傾いて相手の立場を尊重しないことに胚胎（はいたい）している。その弊の甚だしいものになると、相手の利益を奪ってまで自利に忠実であろうとつとめる風がある。これを矯正するには、心ある人々の努力によって、信と愛の奉仕生活実現に待たねばならぬ。

円満な自治の社会

前段で述べたように、各人が信と愛という考えから、自治の精神を発揚して奉仕につとめるようになれば、社会一般に円満な気風が行われることになって、申し分のない自治の社会が打ち建てられるであろう。自治を個人の身の上に当てはめると、自分の身を自分で治めることであるが、広い社会の上でとなると、各種の組合団体の自治自衛の行動となり、またさらに国家となると、国家の自治機関とまで拡大していく。

自治は日本では三千年来固有のもので、決して欧米から舶来の精神ではない。その表現の形式や名称は時代と場所とによって相違はあるが、個人生活から始まって、社会生活、国家生活に及ぼした発達運行の経路には何の変りもない。しかし、人間生活の様式は日に日に一新されていくものであるから、現代においては現代の思想感情に順応していけるよう、ここに大いに自治精神を振興し、社会制度を刷新し、円満な自治の社会を建設することに努力しなければならぬ。この意味において、自治の社会は単に形式だけでなく、信と愛の奉仕精神に満ちたものであるから、常に活気と弾力に富み、旺盛な同化力を持ち、外来の思想知識など一切を醇化するほどの実力を発揮しなければならぬ。社会自治の威力は、ぜひそうあるべきものである。

かの民主思想のようなものも、自分の生活は自分が支配するという精神に基いているものであるから、自治の精神さえ堅実であれば、たとえそれが襲ってきても、みごとに内在の自治思想に同化されてしまうであろう。今後は海外思想の流入もだんだんうるさくなるであろうから、それにつけても自治精神を涵養(かんよう)して堅実な自治団、円満な自治の社会を建設することが焦眉(しょうび)の急である。

皇后宮の御歌にも

ことくにのいかなるをしへいりきても
　とかすがやがておほみくにぶり

とある。この御歌を拝誦すると、日本国民の偉大な自治精神と同化力との活きた姿を自覚することができるであろう。

四　国家へのご奉公――そして酬いをもとめぬよう

完成された日本人

個人としては自主的自治の人、社会に立てば奉仕の精神で働く人、そしてわが社会国民のために力を尽くすのが肝腎（かんじん）であり、これが「酬いを求めぬ」という自治の第三訣である。わが国民性をただちにわが生命と自覚するとき、ここに国家に対する自治精神の活躍がある。国民的精神に活きて、世界的に日本民族の威力を表わすことになって、初めて完成された日本人といえるであろう。

自治の精神がなぜ尊いかといえば、要は国家の活力の源泉となるからである。国民各個人が自治の精神を体して働くことは、ちょうど有機体とこれを形成する独立細胞との関係のようなもの、国家が活躍するということは、つまり国民各個人が公共の精神を養い、一身の計が立ったならば、進んで社会のため国家のために働き、各自一致協力して国民相互の福利を増すことを図り、国家の機能を活発にすることである。したがって、自治生活は国家の活力の源泉となるのである。かの日本魂（やまとだましい）という一語は、明白に日本人の意気が顕われ、正義公道を重んずるという精神が顕われ、わが国民性が何であるかが顕われ、これを現代的にいうと自治精神の本体が最も力強く含まれている。個人としての精神、社会の一員としての精神、国民としての精神、それが日本魂から発動して自治の本義にかなっていけば申し分ないであろう。

日本魂が発動したとしても、知識を広く世界に求めねばならぬから、日本人として立つには、まず、

第一　日本の国民性を自得し発揮する日本人であり、
第二　世界列強人と伍していけるだけの世界的日本人となり、
第三　日本人の神聖な恵沢と権威を世界に普及宣揚していくという意味において世界に活動し、

ここに国民的生活の三階段を上りおおせる覚悟が必要である。日本国民としての本領を世界に発揚していこうとするには、この三階段の道程を経なければならぬ。その思想においても、その活動においても、またその手段においても、日本の日本人であり、世界の日本人であり、

最後に世界を日本の世界とすることを得て、初めて日本国民の真精神を世界に発揚したといえるであろう。

自治宗の信者たれ

特に少年青年諸君、諸君がこれから世に出て身を立て国のためにも尽くそうとするには、自治宗の信者となって日夕（にっせき）自治の殿堂に礼拝し、一心こめて自治の人となり切る大請願を立てなければならぬ。諸君はそれにはまずその信念を養うのが第一のお勤めである。修養を積み信念を高め、社会奉仕、国家奉仕の働きぶりを表わすとき、これがすなわち自治の人としての本領を発揮することである。職業の何であるかを選ばず、同胞互いに相愛して一致協力し、健全な一細胞、堅実な一市民として自治宗の信仰生活を送ることができれば、それで社会奉仕、国家奉仕の第一歩は立派に踏んでいるといわれる。

世の中は日に日に進み、諸君は日本人としてのみ生活することはできず、また世界の一員として生活しなければならぬから、この点に多大な注意が必要である。ややもすれば悪気流に襲われて進路を誤った飛行機のように、世界の悪風潮に魅せられて世に立つ道を誤る恐れも多々あるから、諸君は生粋の日本人としての自治精神を養って、それが宗教的信仰となるまで練りに練って、修養の工夫を積まなければならぬ。私はただ諸君のために衷心から熱誠をもってこれを祈願するものである。

自治宗の信仰第一歩は、日本国民性の自覚ということである。近頃、漫然と新奇を求めて旧日本思想を呪う気風があるが、これは木の幹を倒すと同じこと、自らわが生命を断つと変らない。日本の旧思想中には、あるいは死灰のようなものもあろうが、建国以来、日本国民固有の大精神は、日月と光を争うように輝いている。いかに物質文明が進もうとも、この大精神はとこしえにその権威を失わず、未来永劫に不滅の光を放って、日本国民の進路を照らすものである。自治信仰の第一歩をこの国民性の自覚に置けば、自治宗の正門から追い追いその堂に進むことができるであろう。

目標は新日本の建立

諸君が洋々たる希望と熱烈な信念とをもって世のさまを凝視するとき、第一番にその眼光に映ずるものは、国難の暗い影であろう。この暗い影は今や日本全土を覆い、社会各方面から生活不安におびえて、世を呪い人を憎む不平怨嗟(えんさ)の声が喧(やかま)しく聞える。政治上には政党の宿弊が積り積って、純真な選挙民を濁浪の渦巻きに追い込み、全国家、全国民の利害を忘れた不完全な政党政治というものが行われ、最近の多額納税議員の選挙においては、政府政党ならびに民衆の行動が、有為の民衆、なかでも純真な青年をいたく失望させた。経済界は暗黒で、物価暴騰、貿易不振、農村萎縮の大勢をもたらし、国民の生活が根底から脅威を受けている。また他の一方、海外における日本の地位は、日に月に退転してくる。太平洋を中心とする国際的経済戦争は、しだいに露骨となり深刻になっている。この国難は、日本歴史あって以来の国難であり、幕末維新の際にもこれほどの脅威に直面していなかった。この国難を痛切に味わってみると、何人でも新日本建立の大覚悟が動かざるを得ないであろう。この大覚悟、すなわち国家に対する自治的活動は、非科学的な旧時代の自治ではなく、科学の進歩から生まれてきた生物科学に則り、生物哲学と同基礎の上にある自治生活の意義によって邁進しないと、新日本の建立には役立たない。

諸君もこの国難に直面して自覚を強め精神を練り、そして信仰を進めていかねばならぬ。このように自治の精神を振るい興して、国難を打ち払うべき運動の目標は、「新日本の建立」ということである。国難が大きく大であるほど、対抗の意気もまたそれだけ旺盛になるのも人情の自然であるから、諸君は自任しまた内省して、今から内に自治の精神を涵養し、真剣な心で世に立っていかねばならぬ。要は国民として社会の一員としてまた個人として職分に忠実に、自主自治の人として立つことである。

この際、多年の宿題である普通選挙が実施され、早くも国難の一方面を打開すべき曙光(しょこう)は認められた。国民はこれを機会に、新日本の建立を目的とする真剣な一日本人として奮起してもらいたい。

社会改善の新機運

国難は脚下に迫り、新日本建立の目的は高く竿頭に掲げられている。この場合に国民として進むべき道は、まず自分の周囲から一歩々社会改善の実をあげることである。今日の社会は、あらゆる方面が行き詰っているといってよい。これを疎通し、改善していくのが科学的生活により自治の社会を顕わすゆえんで、それには大礼服〔高官〕と印半纏〔庶民〕とが互いに握手し談笑し、真に協同一致して自治生活を送るだけの勇気と理解と雅量と同情とを持つ必要がある。新日本を建立するという大事業は、どうしてもこの決心とその実行から歩を起こすべきものである。

こういう社会にはわだかまりがなく、階級があっても階級軋轢がなく、不平不満がなく、自然圧迫もなく屈服もなく、今まで意思の疎通を欠いていた障害はまったく取り除かれて、必ず希望と精力とに満ちた平和な進歩的社会が出現することになる。この喜ばしく願わしい社会へ切り開いていく唯一の道は、自治である。こういう社会が日本全国に出現し、彼とこれと疎通し協力し提携し融合して全日本大に拡大されたとき、新日本建立の目的は達成されたのである。

この新日本には、政治的悪徳が許されない。政治意識が進むから、わが選挙権に定価をつけて売買し、自らわが人格を無視して神聖な立憲国民の体面を傷つけたり、政党の首領がその所有する金庫の大小によって価値の上下を定められたりするような醜態は、勢い跡を断ってしまうであろう。

国民の経済生活が緊張されるから、全生活不安が除かれ、国力は内に充実するから、国威は外に張るのが当然である。諸君が勇敢に八千万同胞の先駆となって自治生活を営んでいけば、新日本建立の大業が成就されることは少しの疑いもなく、そうなれば、旧政党員の中の善良分子はもちろん、不良分子も善心に立ち戻り、既成政党も自然、改善の緒につくであろう。

大自然に親しまれよ

こう述べてくると、自治に関する概念が諸君の脳裡に植え付けられたであろう。自治生活を実現すべき三訣ないし自治の精神を活躍させてゆく目標とはどんなものか、諸君がこの辺の理解ができたとすると、自治の殿堂の屋上高く、自治の銘旗が軟風にひるがえるのを見るような感がある。しかも最後になお一言つけ加えておきたい。それは大自然に親しんで生きよということ、私の諸君に対する衷心よりの叫びである。そもそも世に立って仕事をするには、気宇宏闊(こうかつ)でなければいけない。

明治天皇の

あさみどりすみわたりたる大(おほ)そらの
広(ひろ)きおのが心(こころ)ともがな

とある御製を拝読してかの大空に対すると、自分の一身が無限大に広がっていくような気がするであろう。これが、大自然より受ける感化というものである。胸が広々とするから人を包容する心も大きくなり、雅量、同情というような美徳が磨き出される。すなわち人格の向上と同時に拡大である。

大自然と親しんで、科学的生活を送っていけば、環境の感化によって心身の調和を得、精神も爽快に身体も壮健になる。鍬(くわ)を手にとって田園に菜根を培(つちか)い、または山水を跋渉(ばっしょう)して英気を養うその間の利益は計り知ることができない。人の世に処するには清い心と強い力がなくてはならぬが、この二大要件は大自然の感化から得られる。この二大要件を具備して個人生活より公人生活へ、社会奉仕より国家奉仕へと進むことは、人間として実に尊い姿である。くれぐれも自治とは独立円満の心であって、内には不平がなく、外には和合がある。この真剣な力が支配する社会には、何の不安衝突もあるべきはずがない。この自制があり調和のある人間特有の自治精神は、かの大自然の感化によって、いやが上にも発育するものである。今、日本は多年の宿弊に苦しみ、未曾有(みぞう)の国難に悩まされているが、諸君がこの病国、病国民に自治の霊薬をすすめて清新雄大の気風を奮い起こしていけば、新日本建立の目的は自然に達成されて、いつしか国難は雲と散じ霧と消え、わが祖国日本は、人類生活の理想郷たる自治の霊土と化して、全国民は永久(とわ)に平和の福利を享(う)けるであろう。

解題　本書所収の資料について――春山明哲

一九二一（大正十）年、後藤新平は『自治生活の新精神』と題する著を刊行した。そこに収められた文章は、左の四編である。

自治団綱領草案／自治生活の新精神／自治団綱領草案釈義／附　独逸ハンザ同盟大要

後藤新平の「総序」にあるように、この著作はそれぞれ別個の小冊子として印刷に付されたものを合本したものである。本書では、これに「自治制の消長について」、「自治三訣　処世の心得」を加えて、合わせて後藤の「自治」に関する著作六点を収録した。収録にあたっては、藤原書店編集部において、現代の読者に分りやすいように表現を改める、一部省略するなど改変しているが、その詳細は「凡例」を参照されたい。

後藤新平は、その生涯において実に多くの「著作」を世に出したが、その大部分は彼の政治家、行政官あるいは「経世家」としての〈言説〉であって、その時々の政治的社会的状況に対する彼のいわば実践的動機に発するものである。従って、後藤新平の思想を理解する上では彼の「著作」の来歴を知ることが必要である（『後藤新平大全』所収、「解題　メディアの政治家・後藤新平と『言葉の力』」参照）。

後藤新平は大正年間に入ってから「自治」に関する一連の文章を印刷に付している。この流れを整理しておくことは後藤の「自治論」を検討する一助となろう。

「一九〇九年設立　ドイツ・ハンザ同盟大要」

一九一三（大正二）年の秋、後藤は『千九百九年設立　独国ハンザ同盟大要』というパンフレットを印刷配布した。後藤の「小引」によれば、桂太郎の立憲同志会への参加を決め政党人として各地方を視察した際「党派の弊」を痛感し、友人からも「党派の外に立って党派的弊害を矯正する」実例はないかと問われて、翻訳編集したものだという。

ここでいう「ハンザ同盟」とは、一四・五世紀の北ドイツの都市同盟ではなく、一九〇九年六月に設立された超党派的な政治団体である。後藤によれば、この同盟はドイツにおいて大地主が旧来の官僚と結んで専横を極めつつある現状に憤慨して興ったものであり、その「政綱」には「農工商が立法行政政治の上において同等の待遇を受けること」等の主張が掲げられている。

後藤は桂の立憲同志会以来の情勢に鑑み、「党派的弊害」を憂い、ドイツの例を他山の石とするよう勧めている。とはいえ「参照二」の「政社法に就いて」で、日本の警察法制のもとではハンザ同盟類似の団体を創設することは困難で、腐敗した政党の革新を進めるには、警察法／政社法の改正がまず必要だとしている。一九一五（大正四）年に後藤はこれを再版したが、その「再版に叙す」では、大隈内閣による衆議院議員選挙の施行（同年）が地方に齎した弊害を挙げ、地方自治体が政争の犠牲となっていることを憂慮して「自治体発達の為には未だ挺身其事に従ふものあるを聞かず。此に於て予、僣越を顧みず、微力を専ら此方面に盡し、聊か時弊救済の任に膺らんことを期す」と、その決意を述べている。

「自治団綱領草案および釈義」

「自治団綱領草案」が最初に印刷配布されたのは、一九一六（大正五）年五月二〇日ということである。この版は未見だが、この事実は一九二五（大正十四）年に再度印刷された「自治団綱領草案」の後藤の序に、その旨の記載があることで分かる。後藤は、健全なる憲政は自治生活の上に築かれるとし、文化的・経済的自主結社の結成を提唱している。また、注目すべきことに、後藤は「明治十六年内務省衛生局在職時より抱懐せしところ、百年の大計を樹るに自治第一義を以てせざるべからず」と述べている。後藤にとって「自治」は長い来歴を有するものなのである。

なお、『後藤新平文書目録マイクロフィルム版』の「自治団綱領草案」（R58-28）には「大正四年九月頃より大正十四年頃迄　岡松参太郎、中村是公氏等の努力に成りたるものにして、伯が如何に熱心に計画せしものたるかを知れる」と注記してある。岡松は後藤が台湾総督府民政長官の時、京都帝大教授で台湾旧慣調査と立法の指導にあたった人物で、後藤が満鉄総裁に転じた際には満鉄理事になった。大正四年頃には京都帝大も満鉄も辞めている。中村是公も台湾で後藤の下で土地調査事業を完成させ、やはり後藤の満鉄入りで副総裁のち後藤の跡を継いで総裁になっている。後藤の台湾―満鉄人脈がこの時期までも維持されて「自治団綱領草案」に深く関わっていることには、なかなか興味深いものがある。

この「自治団綱領草案」に説明を加えたものが「自治団綱領草案釈義」で、一九一六（大正五）年九月に印刷に付された。この釈義の起草に岡松や中村が関与していることは、右の経緯により、容易に想像されるところである。

「自治制の消長について」

「自治団綱領草案釈義」が印刷刊行された一九一六年、「自治制の消長について」が『現代大家論集』（公益通信社）に収録・刊行された。これは明治国家の地方自治制度を後藤がどのように観ているかを知るのに好個の文章である。

この文の冒頭で後藤が触れているように、この前年の一九一五年は「自治制」（市制・町村制・府県制・郡制）が設立されて二五年にあたり、その制度創設の実務の中心にあった大森鐘一（当時、京都府知事）が「自治制制定之顛末」と題した講演を行なっている。なお、この講演は池田宏が編纂した『大森鐘一』に収録されている。池田は大森の女婿であり、後藤が東京市長の時の助役、のち内務省で都市計画行政を推進した人物である。後藤は明治日本の自治制の「正系」の人脈を起用したことになる。

後藤が述べているところによると、彼は、明治一六年に名古屋から内務省衛生局に転任し、山県有朋による自治制の調査立案過程に触れることになった。「内務省で独逸人モッセの自治制講義を聞く」とあるから、「自治第一義」の思想の萌芽はこの辺にあるのかも知れない。なお、『近代日本法制史料集　第十――ボアソナード答議三・モッセ答議』（国学院大学日本文化研究所編）によれば、「モッセ氏自治論」は明治一九年一二月一四・二一・二二・二八日の四回行なわれている。後藤が聞いたモッセの講義はおそらくこの時のものであろう。

文中、「モッセ氏が最近東京府知事の井上君に寄越した手紙」とあるのは、大森鐘一が講演「自治制制定之顛末」で井上の許可を得て公開したもので、この講演記録に収録されている。

『自治生活の新精神』

このように「独国ハンザ同盟大要」、「自治団綱領草案」、「自治団綱領草案釈義」、「自治制の消長について」の刊行という段階を経て、一九一九（大正八）年に『自治生活の新精神』が六二ページの小冊子として刊行された（新時代社）。こうしてみると、『自治生活の新精神』は後藤新平の「自治論」の集大成といってもよいだろう。

そして、冒頭にふれたように、これらのうち〈大要〉、〈草案〉、〈釈義〉、〈新精神〉の四つが合本され、『自治生活の新精神』を総合タイトルとして、刊行されたのである。なお、この合本の初版は内観社から大正九年一二月に刊行されたらしいが、現物は未確認である。本書への収録にあたっては、大正一〇年六月刊行の第三版を底本とした。

この『自治生活の新精神』は同年の仏教連合会第四回講習会で後藤が講演した際に、その講演集に収められたほか、何回か再刊または抄録されている。そのうち、大正一一年に民力涵養協会から刊行されたものには、民力涵養協会設立の動機、同会会則が付され、後藤新平が会長となっている。これも関心を惹く事実である。

『自治三訣　処世の心得』

後藤は一九二五（大正一四）年に『自治三訣　処世の心得』（安国協会）を出版した。奥付を見ると大正一五年に二二版を数えているから、当時は相当評判になった本ではなかろうか。これは後藤の自治論の集約された標語ともいうべき〈自治三訣〉の啓蒙書というべきものである。

＊　＊　＊

本書に収録した後藤新平の「自治論」について歴史的関心を持った読者のために、いくつか「テーク・ノート」しておきたいと思う。

ひとつは、『時事新報』大正一〇年一月二五日付けの「自治の精神　後藤男の著を読みて　米国自治協会委員ドクトル　チャンピオン」と題された長文の記事である。この記事のリード部に拠れば、野中正という人物が恩師チャンピオン博士の求めに応じて『自治生活の新精神』と『自治団綱領』を翻訳し、それらを「米国自治協会月報」に掲載したところ、後藤新平が東京市長に就任したことを機会に、チャンピオンがこれらに対する感想を野中に寄せてきたので抄訳して掲載する、という経緯である。後藤の自治に関する論策が当時の米国の地方自治・都市行政の専門家にも知られ、かつ好意的に評価されていることが分かるとともに、また、後藤の「持論」が実際に東京市で実現できるのか、といった関心が太平洋の向う側でも「同時進行」している点が興味深い。後藤は一九一九年三月から欧米視察旅行に出掛けたから、恐らく完成したばかりの『自治生活の新精神』を携行し、旅先で配ったものであろう。のちのチャールズ・ビーアド（歴史家・ニューヨーク市政調査会専務理事）の来日もこの点を考慮すると一層よく理解されるだろう。なお、野中正、チャンピオンについてはいろいろと調べたが未詳である。今後の課題としたい。

ふたつめは、後藤の東京市長及び内務大臣・帝都復興院総裁時代の仕事と『自治生活の新精神』の関係である。後藤の自治論が地方自治制度に限定されないことは、本書の随所に見てとれることであるが、であるがゆえに、東京市政・震災復興において多様な革新的な試みが実行できたのではなかろうか。市政が「物的なもの」「ハードウェア」の形成もさることながら、なによりも「市民」、「公民」つまりは「自治の担い手」の自覚と生活と活動にあることを後藤は主張している。

『都市公論』に掲載された「自治制度と紳士税」（一九二一年二月）、「現代の自治生活」（同年六月）、「都市計画と自治の精神」（同年一二月）、「自治は人類の本能」（二二年五月）、「自治と自己改造」（二三年七月）、「帝都の大震災と自治的精神の涵養」（二三年一二月）などはその一例である。『自治生活の新精神』をより具体的に理解する後藤の言説として挙げておきたい。そもそも後藤がその会長を務めた都市研究会（一九一七年設立）も、自治団のあるタイプの雛型と見られなくもない。また、後藤は、東京はもとより全国の各地に赴いて「自治」について講演している。のちの「政治の倫理化」運動の先駆けである。一九二〇年の東京市長に就任後、後藤はその年俸全額を東京市に寄付したが、これは彼の「自治会館」構想の第一歩であり、一九二二年、上野の東京自治会館オープンにつながっていったという（中島純「後藤新平と東京自治会館」『機』一九六号、二〇〇八年六月）。

さいごに、後藤の「自治論」の原点、来歴はどこにあるのか、という問題について付記しておきたい。さきに、『自治団綱領草案』（一九二五年）の序で、後藤は内務省衛生局時代から、国家百年の大計は自治第一義を以ってせざるべからず、という考えを抱懐していた、と述べていることに触れた。実際、一八八九（明治二二）年に刊行した『国家衛生原理』では衛生行政における自治の役割についてイギリス、ドイツの例を論じている（小原隆治「後藤新平の自治思想」『時代の先覚者・後藤新平』藤原書店、二〇〇四年）。また、「台湾統治救急案」（一八九八年）において、台湾経営の最大急務は台湾社会の「自治」の回復にある、と提言した事実も想起される。これらの「発想の原点」に加えて、後藤が欧米の政治学、行政学から多く咀嚼していたことも見逃せない。ヨゼフ・オルツェウスキー『官僚政治』、フリードリッヒ・パウルゼン『政党と代議制』、ハンス・デルブリュック『政治と民意』などの翻訳がこの例である。

後藤新平の「自治論」には、第一次世界大戦後の新しい世界状況と日本の針路に対する後藤の戦略の提示、という性格があったように思われる。それは、国内的には普通選挙制度が日程に上っている時期の、すなわち大正デモクラシー期の政党政治＝立憲政治という確立しつつある「常識」へのラジカルな批判でもある。その意味では、後藤の自治論ないしそれに象徴される彼の政治思想は、制度化の極限にまで到達したかに見える現代デモクラシーが、「自治生活」の息吹が感じられるような「新精神」によって再生しうるのかどうか、という問いをわたし達に突きつけている、ともいえよう。

（はるやま・めいてつ／早稲田大学非常勤講師、同台湾研究所客員研究員）

シリーズ〈後藤新平とは何か——自治・公共・共生・平和〉
自治

2009年4月13日　初版第1刷発行 ©

著　者　後藤新平

発行者　藤原良雄

発行所　株式会社 藤原書店

〒162-0041　東京都新宿区早稲田鶴巻町523
電　話　03（5272）0301
FAX　03（5272）0450
振　替　00160-4-17013
info@fujiwara-shoten.co.jp

印刷・製本　図書印刷

Printed in Japan
ISBN978-4-89434-641-3